第九届世界硒都（恩施）硒产品博览交易会

The 9th World Selenium Capital (Enshi) Selenium Products Expo

中国硒产业发展指数（SeI）研究报告
（2023）

恩施土家族苗族自治州人民政府
国家富硒农产品加工技术研发专业中心　著

中国农业出版社

北　京

《中国硒产业发展指数（SeI）研究报告（2023）》
著作编写委员会

主　　编：程水源

副 主 编：金卫斌　田真明　黄　刚　程威特

编写人员（按姓名笔画排序）：

丁文平	王　方	王飞飞	王月慧	王四海	王加庆
王华尧	王学东	王学庆	王建秀	王雪华	王璋倩
石　云	卢永春	丛　欣	朱云芬	向极钎	刘　兵
刘　洪	刘　涛	刘　瑛	刘　瑾	刘玉兰	刘宏辉
刘晓梦	许　华	许　锋	李　丽	李车书	李书艺
李红军	李玲琳	李雪梅	李康乐	李新华	杨　伟
杨　俊	杨四震	吴承龙	吴慕慈	何　旺	何　毅
何江玲	何志军	何静仁	余晓可	汪魏熠	张　娜
张　莉	张　瑞	张　蕾	张卫东	张绍鹏	张威威
陈　旭	陈　涛	陈　慧	陈小玲	罗　琼	周娇娇
赵　明	胡依黎	胡俊来	查三省	侯志毅	饶　申
祝振洲	袁　捷	袁　媛	徐　杰	高　超	郭绪淼
谈春林	黄　卫	龚　珏	盛　利	彭景春	董星星
董静洲	程　华	程　晨	程碧军	储　震	曾昭菊
谢　文	谢　芳	蔡　杰	熊　银	潘灿平	薛　华
魏　凯					

序

岁序更新，中国硒产业发展指数（SeI）的发布又如约而至，犹如一场年度盛事，吸引着业界的目光。众人瞩目于榜单之上，排位起伏间见证着硒产业的潮起潮落，却往往忽略了这背后更深层次的逻辑与变迁。

今岁的硒指数，又添新篇，其新意盎然，体现在以下几个方面：参与之广，前所未有；层级归类，更趋科学；地方之进退，亦显风云变幻。其退出者，非因抵触指数本身，实则源于三因：政府欠重视、数据统计之乏力、对照要求之茫然。或因人力不专，或因平日疏于整理，终致数据难全，只得忍痛割舍，不列入本次硒指数之列，甚为遗憾。

为求硒指数发布的全面性、代表性与权威性，以践行"将硒资源转化为富硒产业"的崇高使命，在这里我发出五点诚挚呼吁：

（1）各级政府需真抓实干，重视硒产业的发展。一级政府若连硒产业的基本数据都付之阙如，或自行其是，连续多年不改方法、无法与外界接轨、用特例来处理，不仅科学性大打折扣，更难说对硒产业的真正重视。在当今推进中国式现代化的新征程中，政府应以更高的站位、更实的举措推动硒产业发展。

（2）硒产业数据统计与提交，应为全行业的自觉行动。每年的这项任务提交绝大部分单位是积极的、配合的。硒业硒界人士应该懂得，中国硒指数的发布关乎整个行业的形象与未来，编辑人员是无私奉献的，且自筹经费出版的。希望所有硒业硒界人士都能以无私奉献的精神，共同为硒产业贡献力量。

（3）应充分发挥地方协会与社会组织在硒统计数据收集与整理中的作用。他们有专人、有情怀、有素养，既能为政府分忧，又能专业化处理数据。支持他们，即为讲政治站位，落实对硒产业的重视，以实际行动为乡村振兴与健康中国两大国家战略助力赋能。

（4）硒业一家亲，比学赶帮，良性竞争，硒业的广阔天地，足以容纳你我他。众人拾柴火焰高，此乃硒产业、硒事业之真谛！

（5）建议国家相关部门立项，组织专家在国家层面出台更具广普性、科学性、权威性与强制性的硒产业统计制度。学习、宣传、贯彻、执行新的统计制度，使硒产业的发展更加规范、更加高质量。在新质生产力引领之下，中国硒指数必将发挥其应有的重要作用。

最后，我用一首诗来表达决心与信念：

年年今日话感受，同心协力共作舟；

当下仍知路漫漫，不到长城誓不休！

武汉轻工大学二级教授　　程水源

国家富硒农产品加工技术研发专业中心主任

2024 年 7 月 30 日于清华学习期间

目　录

目　录

第一章 概　　述

　　工贵其久，业贵其专。作为中国硒产业领域的一件大事，中国硒产业发展指数在 2021 年世界硒都（恩施）硒产品博览交易会上首次亮相，标志着硒产业逐步走向成熟和规范，为制定区域硒产业发展战略和规划提供了定量化依据。中国硒产业发展指数通过对硒产业产值等统计数据的汇总分析，旨在更为精准地指导硒资源的合理开发和利用，推动硒产业链的优化升级，促进富硒产品的市场推广，最终实现区域经济的高质量和可持续发展。

　　为进一步引导投资和推动产业合作，促进硒产业高质量发展，我们继续编制发布《中国硒产业发展指数（SeI）研究报告（2023）》，通过分析各地区年度硒产业总产值、硒农业产值、硒工业产值、硒服务业产值、硒研发投入、科技创新、品牌价值等指标，对地区生产总值与硒产业总值进行比较，为各地硒产业发展把脉问诊，对全国硒产业发展形势进行定量评估，为贯彻落实习近平总书记关于硒产业发展的多次指示，助推健康中国、乡村振兴战略作出应有贡献。

第一节　中国特色的硒产业

一、资源禀赋的独特性

中国是世界主要的硒资源国之一，自 20 世纪 50 年代开始对有色金属矿床进行勘查研究，结果发现，中国硒资源不仅储量大，而且品位高，开发利用价值高。中国硒蕴藏量占全球三分之一以上，工业储量全球排名第四，约 15 600 吨。

湖北恩施是迄今为止全球唯一的探明独立硒矿床所在地，是当地分布广泛硒含量最高的富硒土壤的地质基础，形成了地球上最大的富硒生物圈，这种宝贵的硒资源为硒产业的发展提供了优越的自然条件。迄今为止，全国已有 24 个省份发现天然富硒土壤，有 10 多个省份 50 多个市（县、区）正在大力发展硒产业。但我国硒资源分布不均衡，有些地区土壤硒含量很高，有些地区则出现缺硒现象。我国早期发现的富硒地区有湖北省恩施州、陕西省安康市、江西省宜春市、贵州省开阳县、浙江省龙游县、山东省枣庄市、四川省万源市、安徽省石台县等。

二、政策支持的明确性

发展富硒产业既是政治担当，也是发展使命，更是社会责任。20 世纪五六十年代硒对人体的健康作用在我国被证实，进入 21 世纪以来，随着"健康中国"战略及"健康中国 2030"规划纲要的发布，大健康产业备受人们关注。尤其是党的十八大以来，习近平总书记高度重视硒产业，六次亲自指导硒产业发展，并明确提出要把硒资源转化成富硒产业。

党的二十大报告指出，要全面推进乡村振兴，加快建设农业强国。2021 年，国家发展改革委等 15 个部委联合印发的《"十四五"支持革命老区巩固拓展脱贫攻坚成果衔接推进乡村振兴实施方案》中，明确提出支持恩施州发展富硒产业。中央 1 号文件连续多年指出，要立足国情农情，体现中国特色，推动乡村产业高质量发展，培育乡村新产业新业态，发展功能农业。硒产业作为功能农业的重要组成部分，其重要作用得到了有效发挥。国家相关机构成立了全国富硒功能农业专家工作组，全国多地都在大力发展富硒产业，湖北省、江西省、陕西省、广西壮族自治区出台了省级层面的富硒产业"十三五""十四五"规划，各富硒地方政府更是把富硒产业作为地方经济发展的重要支撑，大力推进富硒产业的发展。

三、科技创新的前沿性

硒的用途非常广泛，可应用于冶金、玻璃、陶瓷、电子等众多领域，尤其是作为人体和动物必需的微量元素，吸引了大批科学家和专家学者进行科学研究，开发了高效、环保的硒提取和利用技术，提升硒产业的科技含量和应用范围。国家相关部委设立了硒科研专项，相关省市科技部门、农业部门设立了涉硒重大项目，中国保健协会更是十余年致力于硒科普工作，中国科学院上海分院、中国农业大学、中国地质大学、武汉轻工大学、湖北民族大学等高校和科研院所更是围绕硒科学研究成立了专门机构，做出了突出贡献。

湖北省在硒科技创新方面表现突出。拥有国家级富硒产品质量监督检验中心、国家富硒农产品加工技术研发专业中心、湖北省富硒产业研究院、武汉轻工大学硒科学与工程现代产业学院等硒科技创新平台、产业发展平台和人才培养基地，涉硒科研水平及其转化效益居国内领先地位。率先提出了农产品、食品富有机硒的概念并制定了相应的地方标准，推出了一批富硒农产品种植养殖技术规范和原料生产质量的地方标准和团体标准，形成了有机硒含量及硒形态检测，富硒生物资源研发与功能性评价，富硒种植养殖及加工标准体系建设等多项创新成果，整体技术在硒科学与工程领域居国际领先水平。尤其对"聚硒之王"堇叶碎米荠的食品材料功能评价和人工栽培技术的研究，为开发优质植物源富有机硒产品奠定坚实基础。

四、三产融合的连贯性

硒产业是新兴产业、特色产业，硒产业与健康中国、粮食安全、乡村振兴等国家战略息息相关。长期以来，全国各地大批硒产业领航者和从业者，贯彻绿色发展理念和"硒＋X"产业发展理念，坚持硒产业发展的"六向原则"和"八条路径"，将硒产业与种植养殖业、加工业、旅游业、大健康产业等融合发展。在第一产业方面，夯实硒农业基础，全力推进富有机硒种植养殖业规模化、标准化、产业化建设，推动传统农业转型升级，做强"硒"农业。在第二产业方面，壮大硒工业实力，进一步做强富硒农品精深加工，聚力加快硒蛋白硒肽产业化，打通硒蛋白硒肽应用链，突破基于硒形态功能特色技术链，融合工业4.0壮大硒精深加工业，形成高附加值、高识别度的系列产品。在第三产业方面，提升硒服务业水平，加快富硒生态旅游开发培育，大力发展硒旅游、硒研学、硒康养、硒体验新业态，振兴涉"硒"现代服务业；以服务全国大市场为核心目标，充分运用互联网等要素，以"硒＋X"理念让硒人才、硒项目、硒品牌、硒科普、硒资本引得进来、推得出去，形成"硒＋X"的全产业链和产业集群。

五、产业布局的联动性

近年来，硒产业的理论与实践都有重大进展，涌现出

"世界硒都"恩施、"中国硒谷"安康、"世界硒养之都"宜春等一批硒产业发展的先进地区。根据对全国11个省的近100个县的调查统计，2022年这些地区的硒产业总产值达3 360亿元，相较于2021年增长21.41%，远高于全国GDP的同期增速。

从富硒资源的分布来看，湖北恩施、陕西安康、广西全区、江西宜春和赣州、安徽石台、青海平安、湖南新田和桃源、浙江龙游、山东枣庄、四川万源和屏山、重庆江津、海南澄迈、福建诏安、贵州开阳、宁夏吴忠和石嘴山等地区，富硒土壤面积广，土壤硒含量较高，生态环境适宜，具有发展富硒产业的资源基础，也是全国硒产业发展比较靠前的地方。具体来说，硒产业发展的第一方阵是湖北、江西、陕西、湖南、广西等省份，其表现是富硒面积大，产业较发达，分布广泛。第二方阵是河南、山东、山西、河北等省份，其表现是基本不属富硒区，但富硒农业分布较多。第三方阵是福建、宁夏、青海、重庆、四川、安徽、江苏、黑龙江、海南、贵州、吉林等省份，其表现是富硒农业、富硒区呈点状分布。湖北恩施提出的打造"硒产业世界经济总部"和"构筑全国硒产业高地"目标，必将带领全国硒产业地区进一步把硒产业做大做强，引领全国硒产业地区高质量发展，为把硒产业上升为国家战略奠定坚实的基础。

总之，中国特色的硒产业在资源优势、政策支持、科技创新、三产融合、产业联动等方面展现出独特的优势和特色，通过多元化的发展模式和全产业链的布局，中国硒产业不仅在国内市场占据重要地位，还将逐步走向国际市场，实现经济效益和社会效益的双赢。

第二节　中国硒产业发展指数的理论基础

中国硒产业发展指数的编制涉及多个学科领域的理论基础，包括经济学、管理学、统计学、资源与环境科学、社会学等多学科的相关理论基础。通过这些理论进行多维度、多层次的分析和综合评价，确保指数的科学性、全面性和实用性，为中国硒产业的发展提供有效的理论指导和实践支持。具体包括：

一、经济学相关理论

（一）区域发展理论

区域发展理论是指在一定的时空范围内以资源开发、产业组织、结构优化为中心的一系列经济社会活动。区位主体在空间区位中的相互运行关系称为区位关联度，区位关联度影响投资者和使用者的区位选择。硒产业发展指数通过分析硒资源的空间分布及其对区域经济发展的影响，研究硒产业对区域经济发展的推动作用，能指导本区域硒产业发展和区域间经济协作及产业链的形成。

（二）市场结构理论

市场结构理论是指产业组织理论中市场关系的特征和形式，具体是指一个行业内部买方和卖方的数量及其规模分布、产品差别的程度和新企业进入该行业的难易程度的综合状态，包括市场供给者之间、需求者之间、供给和需求者之间以及市场上现有的供给者、需求者与正在进入该市场的供给者、需求者之间的关系。硒产业发展指数研究硒产业的市场结构，具体包括市场集中度、企业数量和规模分布，用市场这只无形的手调控指导硒产业的健康自然发展等。

（三）企业行为理论

企业行为理论是指通过关注企业的各种行为及其背后的动因，包括企业的经营决策、组织结构、战略管理、市场营销、技术创新等，来研究和解释企业在复杂多变的环境中如何做出决策，以及这些决策如何影响企业的长期发展。硒产业发展指数通过分析硒产业中地区行为、企业策略、技术创新等，对硒产业相关企业成长及培育市场主体给予指导。

（四）市场绩效理论

市场绩效理论是指在一定的市场结构中，由一定的市场行为所形成的价格、产量、成本、利润、产品质量和品种以及技术进步等方面的最终经济成果。市场绩效反映了在特定的市场结构和市场行为条件下市场运行的效果。硒产业发展指数通过对比分析评估硒产业的市场绩效，包括盈利能力、市场份额和竞争力等，与政府那只有形的手相结合一起指导各地硒产业高质量发展。

二、管理学相关理论

（一）战略管理理论

战略管理理论是指企业确定其使命，根据组织外部环境和内部条件设定战略目标，为保证目标的正确落实和实现进度谋划，并依靠内部能力将这种谋划和决策付诸实施，以及在实施过程中进行控制的动态管理过程。硒产业发展指数主要用到的战略发展理论有 SWOT 分析和竞争优势理论。通过 SWOT 分析得出各地、各发展主体硒产业的优势、劣势、机会和威胁，制定发展战略。竞争优势理论分析得出各地、各发展主体硒产业的核心竞争力，为提高硒产业发展竞争力和提升话语权提供策略。

（二）绩效管理理论

绩效管理理论是指为了达到组织目标，共同参与的绩效计划制定、绩效辅导沟通、绩效考核评价、绩效结果应用、绩效目标提升的持续循环过程。硒产业发展指数主要用到 KPI（关键绩效指标）和平衡计分卡理论。通过 KPI，制定硒产业发展的关键绩效指标，评估各环节的表现。通过平衡计分卡从硒产业各类型、各指标综合评估硒产业的发展情况，其本质内涵就是目标绩效管理。

三、统计学相关理论

（一）综合评价理论

综合评价理论是指使用比较系统的、规范的方法对于多个指标、多个单位同时进行评价的方法，也称为综合评价方法或多指标综合评价方法。综合评价方法一般是主客观结合的，方法的选择需基于实际指标数据情况选定，最为关键的是指标的选取，以及指标权重的设置，这些需要基于广泛的调研和扎实的业务知识，不是单纯地从数学上就可解决的。硒产业发展指数主要用到加权平均法。加权平均法是根据硒产业不同指标的重要性赋予不同的权重，计算综合指数。

（二）时间序列分析

时间序列分析是指通过采用观测、调查、统计、抽样等方法获取相关主体时间序列动态数据，综合分析趋势、周期、时期和不稳定因素，提出发展预测，其强调的是通过对一个区域一定时间段内进行连续观测，分析其变化过程与发展规模。硒产业发展指数就是通过对硒产业历史数据的分析，预测未来的发展趋势。

四、资源与环境科学相关理论

（一）资源供需理论

资源供需理论是指在自由竞争的市场经济状态下，资源供求关系中供给方面的理论，包括供给质量、供给价格、供给的影响因素、供给函数、供给定律、供给曲线、供给曲线的移动、供给弹性等。假定影响资源品供给的其他因素既定不变，在市场上，资源品供给量在自然供给范围内将随着资源品价格涨落而增减，即资源品供给量与资源品价格呈正方向变化。硒产业发展指数可以分析硒资源的供需关系及其市场价格波动对产业发展的影响。

（二）可持续发展理论

可持续发展是指既满足当代人的需要，又不对后代人满足其需要的能力构成危害的发展，以公平性、持续性、共同性为三大基本原则。这既包括了资源利用对环境的影响，确保硒资源的合理开发与利用，确保资源的可持续性；又从生态经济学的角度研究硒产业发展的生态效益和环境成本，推动绿色发展。

五、社会学相关理论

（一）社会效益评价理论

社会效益评价理论是指相关项目对不同地区、不同收入阶层产生的影响的评价。硒产业发展指数主要用到社会福利理论和社会资本理论。社会福利理论可以评估硒产业对社会福利的影响，包括身体健康对社会的价值、促进就业、收入分配和社会保障；社会资本理论主要考察硒产业对社区和公众的影响，以推动社区发展和公众健康。

（二）文化理论

文化理论是指社会文化因素在人类认知功能的发展中发挥着核心作用。硒产业发展指数主要用到文化融合理论和文化附加值理论。硒文化本来就是一种独特的文化，其包括农耕文化、健康文化、科技文化、绿色文化、唯美文化、小康文化、和谐文化等，通过文化融合理论研究硒产业与当地文化的融合，推动硒文化的传播和弘扬；通过文化附加值理论，提升硒产业的文化附加值，增加产品的大众接受度和市场竞争力。

第三节　中国硒产业发展指数的应用及其展望

中国硒产业发展指数作为一个综合评价和监测工具，在政策制定、企业经营、学术研究、市场监督和公众信息服务等方面具有广泛的应用前景。展望未来，通过不断完善指数体系、拓展应用领域、推进国际化发展、推动技术创新和可持续发展，中国硒产业发展指数将为硒产业的高质量发展提供强有力的支持和保障。

一、中国硒产业发展指数的应用

（一）硒产业政策制定与调控

（1）政府决策参考。硒产业发展指数可以为各级各地政府在制定硒产业发展相关政策、产业规划和资源配置时提供科学依据，确保决策的科学性、合理性和有效性。

（2）政策效果评估。通过硒产业发展指数监测变化，可以评估已实施政策的效果，根据发展情况及时调整政策方向和力度。

（二）产业战略规划与管理

（1）市场分析。通过硒产业发展指数对比分析和研究，利用指数了解行业发展趋势、市场需求和竞争格局，从而制定科学的市场策略和经营计划。

（2）投资决策。指数提供的综合数据分析帮助涉硒市场主体评估投资风险与收益，优化资源配置，提高投资决策的科学性。

（三）市场监督与管理

（1）促进行业监管。通过硒产业发展指数监控市场运行情况，监管部门可以发现异常波动和潜在风险，及时采取监管措施，确保硒产业在正常轨道上发展。

（2）加强标准制定。依据硒产业发展指数，进一步制定和修订硒产业相关规程标准和制度文件，促进产业的规范化和标准化。

（四）学术研究与教育

（1）研究数据来源。学术界可以利用硒产业发展指数进行深入研究，探讨硒产业的发展规律、经济效益和社会影响，为硒产业发展提供更好的学术研究氛围和理论成果。

（2）教育培训材料。指数数据可以作为高校、科研机构和培训机构的教学案例，帮助师生和从业者了解硒产业的发展状况和前景，对硒产业发展进行更加深入的研究和咨询。

（五）公众信息服务

（1）信息透明。硒产业发展指数可以向公众提供透明、客观的产业发展信息，提高对硒产业发展地区和硒产业发展状态的了解，增强公众对硒产业的认识。

（2）消费指导。指数数据可以帮助消费者了解硒产业的市场状况和质量水平，加强硒科普建设，指导硒爱好者科学健康消费。

二、中国硒产业发展指数的展望

（一）进一步完善指数体系

（1）优化指标。随着硒产业的发展，硒产业发展指数还有一些指标需要持续优化和更新，确保其全面客观反映产业的最新发展状况。

（2）拓展数据。利用大数据技术，扩大数据采集范围，同时加强数据的实时动态监测，做到数据来源多元化，确保数据的准确性和及时性。

（二）进一步拓展应用领域

（1）加强区域合作。通过硒指数的对比分析，发挥标杆引领、先进带动的作用，促进不同地区硒产业的发展和合作，推动区域间的资源共享和优势互补，实现硒产业发展全国一盘棋的格局。

（2）促进跨界融合。探索硒产业与其他相关产业的融合发展，扩大硒产业三产融合范围，延长产业链条，推动硒产业在医疗、保健、农业、食品等领域的广泛应用。

（三）进一步促进产业升级

（1）加强科技创新。通过不同地区硒产业发展指数具体指标的对比，尤其是通过科技投入与产业发展正相关的关系，倒逼各硒产业发展地区加大对硒产业关键技术的研发投入，提高硒资源开发利用的技术水平。

（2）促进产业升级。通过利用指数相关指标数据，总结分析有利于硒产业高质量发展的因素，通过采取针对性的措施，从而指导硒产业向高附加值、高技术含量的方向发展，用新质生产力引领产业升级和结构优化。

（四）进一步推进合作与可持续发展

（1）加强国际交流与合作。利用硒产业发展指数数据，分析国内国际市场需求，加强与国际硒产业相关组织和机构的合作，制定全球市场开拓战略，推动硒产品走向国际市场，推动硒产业的国际化发展。

（2）实现可持续发展。通过硒产业发展指数，制定科学的资源管理和利用政策，推动绿色开发和环保技术的应用，确保硒资源的可持续开发利用。

（3）扩大指数影响力。定期发布硒产业发展指数报告，通过媒体、论坛等多种渠道宣传推广，提高指数的知名度和影响力。收集各方面对硒产业发展指数的反馈，不断改进指数编制方法和内容，提升指数的科学性、实用性和影响力。

第二章 湖北省恩施州硒产业发展进展

第一节 概 述

2023年，恩施州紧紧围绕州委、州人民政府关于加快推进"两山"实践创新示范区建设的工作部署，聚焦标准建设、科研创新、招商引资等方面，重点加快硒蛋白产业化进程，不断提升富硒产业层次，硒产业发展继续取得重大进展，全年硒产业综合总产值突破935亿元，其中，硒食品加工业产值超过230亿元。

一、产业集群进一步加强

2023年，新签约1个15亿元涉硒产业项目（上海麦金地央厨产业链项目），4个亿元以上涉硒产业项目（恩施市忆恩源土家特色农副产品生产销售一体化项目、太阳河大朗富硒禽类养殖及精深加工项目、恩施绿动力硒食品精深加工及基地建设项目、恩施晟阳富硒食品加工项目）。恩施硒圣植物科技有限公司、恩施德源硒材料工程科技有限公司入选2022年度恩施州十强高新技术企业名单，湖北利川红产业集团有限公司红茶全产业链标准化示范基地入选首批国家现代农业全产业链标准化示范基地，恩施州硒源科技创业服务中心获评第六批省级服务型制造示范平台。恩施州被评为"全国优质硒产品供应基地"，富硒茶产业、富硒绿色食品产业集群入选湖北省重点成长型产业集群。"硒产业·恩施高新技术产业园区"成功入选省级新型工业化示范基地，是全省第一家以硒产业为主导的示范基地，咸丰县被评为"中国生态富硒稻米之乡"。

二、标准化体系进一步完善

一是强化标准认证，完成硒蛋白食品安全国家标准文稿，发布 13 项州级涉硒地方标准、参与 5 项团体标准、新增 2 项国家发明专利，州内首张食品营养强化剂硒蛋白食品生产许可证获得审批。新增富有机硒产品认证证书 17 份，咸丰小村乡（绿色富硒土地 13 485.40 亩[①]、无公害富硒土地 5.89 亩）成功入选全国第三批天然富硒地块。二是加强行业规范，与州市场监督管理局、州农业农村局联合出台《恩施州茶叶产业综合治理工作方案》，指导州硒产业发展联合会及湖北创视界科技发展有限公司积极开展电商直播培训，举办恩施州硒产业发展重点人才培训班及全州富硒产品合规合法性专题培训班，累计培训 1 000 人次。

---

① 亩为非法定计量单位，1 亩≈667 平方米。下同。

三是加强基地建设，新增蕫叶碎米荠标准化示范基地
669 亩，新命名富硒产品生产核心区（示范基地）25 个，
与德源硒材料共建蕫叶碎米荠种质研究中心。

三、科技支撑进一步强化

一是推进重点实验室建设，落实硒资源研究与生物应
用研究湖北省重点实验室的建设场地和专项设备经费。武
汉大学泰康医学院与湖北硒与人体健康研究院合作研究共
建平台揭牌，与武汉轻工大学签订《共建硒科学与工程现
代产业学院框架协议》《恩施州硒产业高层次人才特聘计
划校地合作协议》。二是举办各类科研活动，成功召开了
以"聚力硒科研　奋进新征程"为主题的硒科研成果发布
会，举办了恩施州硒科学技术研究工作座谈会、硒—免疫
平衡与健康高峰论坛暨民大医院建院 50 周年院庆系列学
术活动。恩施州中心医院实验动物中心正式揭牌，建成武
陵山区首家 SPF 级实验动物中心。三是研发新产品，与
国药集团联合开发生产植物硒复合益生菌片、牛磺酸多维
植物硒咀嚼片、富硒蓝莓叶黄素酯咀嚼片等运动营养富硒
产品，延伸富硒产品产业链，提高产品附加值。

四、品牌营销进一步显效

一是开展硒科普活动。开展"硒博会进谋道·苏马
荡"、5.17 电商硒博会暨科学补硒宣传、奥运冠军助力硒

产业、《硒宝说硒》"硒科普宣传进百城"等活动，线上线下科普 200 万人次。新建世界硒都硒科普城市馆（利川），新增 8 家州级硒科普教育基地，打造武汉东湖高新区·世界硒都（恩施）体验馆。二是助力品牌出山。组织 100 余家涉硒企业参加中国富硒农产品博览会、世界大健康博览会、北京硒博会等展会，5 家涉硒企业获得"富硒好产品"奖项，恩施市楚丰现代农业有限公司等 10 余家企业产品评获"甄选好硒农产品"。植物硒饮料品牌"硒多宝"获得 2022 年"我喜爱的湖北品牌"金奖。聘请"土家稀奇哥"为恩施硒物推荐官，授予"硒希优选""恩职甄选"等 6 家平台为恩施硒物直播间，授予"土家燕子""幺妹木木"等 12 位本地网红达人为恩施硒物推广大使，借助"东方甄选看世界"直播专场活动，以硒旅主题推介以"硒多宝"为代表的恩施硒产品。三是加强宣传推介。在恩施机场投放"世界硒都·大美恩施"形象宣传广告；《铺就"硒"望之路　奋力打造全国硒产业高地》已被湖北省委政研室第 10 期《调查与研究》采用，"恩施州：人才引领支撑富硒产业发展"入选全省人才工作优秀创新案例，在新华社、央视农业农村频道等媒体多次宣传恩施硒产业发展。

五、展会影响进一步提升

2023 年 10 月 28—30 日，举办第八届世界硒都（恩施）硒产品博览交易会暨硒科技创新发展大会，共开展了第五届中国绿色农业与食物营养高峰论坛暨硒区圆桌会议、硒科技成果交易拍卖会、院士说硒论坛等 10 项主题活动。邀请 5 名国内外院士、60 余名知名专家、全国 29 个富硒区、13 家省级以上行业协会、近 100 位采购商投资商现场参会。打造了"世界硒都展示中心"综合馆、8 县市"一县一品"专题馆、"一红一绿"特色馆，硒精深加工产品展示馆等 12 个主题展馆，共有州内外 400 余家企业 4 000 余款产品参展，云上硒博会线上成交 1.2 万余单，9 项科技成果现场拍出总成交额达 550 万元。现场签约招商项目 22 个，计划投资总额 260 亿元。成功打造硒产品线上官方旗舰店"硒博汇"线上商城。

恩施州将进一步厘清发展思路，明确构筑全国硒产业发展高地的战略目标，制定到 2035 年的硒产业发展规划，强化科技支撑，优化产业结构，扩大品牌影响，不断擦亮"世界硒都"金字招牌，为健康中国、乡村振兴做出更大贡献。

第二节　恩施州硒产业发展指数结果与分析

一、产值指数的结果与分析

自 2019 年以来，编写组对恩施州硒产业发展的主要指标都进行了统计和指数计算。包括恩施州自 2019 年以来的环比指数，还以 2020 年为基期计算定基指数，以便更好地展示"十四五"以来的进展。表 2-1 展示了 2019 年以来恩施州硒产业总产值及分项产值的结果、逐年的环比指数、"十四五"的定基指数。

表 2-1　恩施州硒产业产值环比和定基指数

指标	产值（亿元）				
	2019 年	2020 年	2021 年	2022 年	2023 年
硒产业总产值	634.71	637.17	719.39	831.71	935.16
硒农业产值	329.14	370.59	412.2	465.34	488.78
硒工业产值	124.31	154.42	177.87	203.48	233.48
硒服务业产值	180.46	111.12	128.15	161.48	210.43
硒研发投入	0.8	1.04	1.17	1.41	2.47

	环比指数（%）				定基指数（以 2020 年为基期）
	2020 年	2021 年	2022 年	2023 年	
硒产业总产值	100.39	112.9	115.61	112.44	146.77
硒农业产值	112.59	111.23	112.89	105.04	131.89
硒工业产值	124.22	115.19	114.4	114.74	151.20
硒服务业产值	61.58	115.33	126.01	130.31	189.37
硒研发投入	130	112.5	120.51	175.18	237.50

恩施州 2023 年硒产业总产值为 935.16 亿元，比上年增长 12.44%，硒农业、工业、服务业分别比上年增长 5.04%、14.74%、30.31%，显示出硒农业稳步增长，硒工业快速增长，硒服务业大幅度增长的良好态势。"十四

五"以来，硒产业总产值累计增长 46.77%，年均增长
13.6%，基本实现"十四五"规划的增速预期。硒农业、
硒工业、硒服务业的产值累计增长分别为 31.89%、
51.20%、89.37%。

二、关联指数的结果与分析

2019—2023 年地区生产总值和硒产业总产值的比值
列于表 2-2，可得到各年度硒产业关联指数的结果。

表 2-2　恩施州 2019—2023 年硒产业关联指数

指标	2019 年	2020 年	2021 年	2022 年	2023 年
硒产业总产值（亿元）	634.71	637.17	719.39	831.71	953.16
地区生产总值（亿元）	1 159.37	1 117.7	1 302.36	1 402.2	1 481.29
硒产业占比（%）	55	57	55	59	64
关联指数（%）		103.63	96.49	107.84	109.06

结果表明，恩施州硒产业对地区经济总量的影响在
2023 年有较大提升，硒产业总产值与地区生产总值的比
例超过 60%，显示出硒产业的地位越来越重要。

三、科技创新指数的结果与分析

以年度研发总投入为指标，考察恩施州硒产业的科技
创新情况，计算研发投入的增长以及占硒产业总产值的比
例，见表 2-3。

表 2 - 3　恩施州 2019—2023 年硒产业的科技创新指数

指标	2019 年	2020 年	2021 年	2022 年	2023 年
硒研发投入（亿元）	0.8	1.04	1.17	1.41	2.47
创新指数（%）		130	112.5	120.51	175.18
占硒产业总产值比例（%）	0.13	0.16	0.16	0.17	0.26

2023 年，恩施州硒产业的研发投入比 2022 年大幅增加了 75.18%，总额突破 2 亿元，占硒产业总产值的比重也由 2022 年的 0.17%，增加到 0.26%。尽管有如此大的增幅，但还是显著小于 1% 的合理目标。

四、品牌价值指数的结果与分析

根据浙江大学中国农业品牌研究中心发布的"中国茶叶区域公共品牌价值研究报告"，"恩施玉露""恩施硒茶"两个品牌在 2019—2023 年的价值估算和品牌价值指数的计算结果见表 2 - 4。

表 2 - 4　2019—2023 年恩施主要茶叶品牌价值

指标	2019 年	2020 年	2021 年	2022 年	2023 年
恩施玉露品牌价值（亿元）	20.54	23.07	25.21	32.63	37.14
指数值（%）		112.32	109.28	129.43	113.82
恩施硒茶品牌价值（亿元）	16.44	18.48	21.35	25.47	31.17
指数值（%）		112.41	115.53	119.3	122.38

可见恩施主要茶叶品牌的价值一直以较大幅度增长，"恩施玉露"在该排名体系中位列第 40，在湖北绿茶中排

名第一。此外，"鹤峰茶""利川红"的品牌价值分别达到了 24.04 亿元、10.47 亿元。"恩施土豆"品牌价值为 18.06 亿元。可见恩施州特色农产品的品牌价值不断增加，影响力持续攀升。

第三节 恩施市及其他县市硒产业发展指数结果及分析

一、恩施市硒产业发展概述

恩施市是恩施州州城所在地，也是全球唯一探明的独立硒矿矿床所在地，86％的耕地富硒，位居全国之首，形成全球最大的天然富硒生物圈。为利用好这一宝贵资源，把资源优势转化成产业优势，恩施市以农业产业基地为依托，以恩施高新区、七里坪产业园、农产品加工园、硒食品精深加工产业园等园区为载体，壮大富硒特色产业，不断加快富硒产业集群发展，硒产业规模保持在全州的领先地位，2023 年硒产业总产值 230.82 亿元，占全州硒产业总产值的 25％。

（一）产业基地不断夯实

全市已建成富硒产业基地近 50 万亩，其中富硒茶基地 12 万亩、高山蔬菜基地 10 万亩、中药材基地 5 万亩、粮油基地 20 万亩，含硒家畜 20 万头、家禽 30 万羽。打造出了中国知名的富硒绿色产业基地及特色农产品加工基地，形成了恩施富硒茶、富硒土豆、富硒高山蔬菜、富硒小杂粮、富硒中药材、富硒畜禽等富硒产业基地。

（二）产业集群初具规模

坚持"一产奠基、二产支撑、三产引领"的"硒＋X"策略，现已形成以富硒农副产品为基础，富硒功能及保健食品为重点，硒康养旅游为特色，富硒山泉水、饮料及富硒肥料、饲料、日化品等为补充的富硒产品全产业链体系。涉硒规模以上企业 60 家，产值过亿元企业 6 家，高新技术企业 41 家，国家级专精特新"小巨人"企业 2 家、省级专精特新"小巨人"企业 14 家。

（三）品牌效能日益彰显

恩施市坚定不移走硒品牌战略之路，打造以州级区域公用品牌为统领、国家地理标志证明商标为依托、企业品牌为支撑的多层次品牌体系。截至目前，涉硒相关产品商标近 1 000 件，地理标志证明商标 6 件，地理标志保护产品 6 个。2023 年，"恩施玉露"入选"2023 大众喜爱的中国茶品牌"TOP10（全省唯一），进入中国地理标志农产品（茶叶）品牌声誉百强榜。

（四）科研支撑不断强化

以富硒产业基础研究和产品开发为重点，构建"国家级专家＋地方学科带头人＋科研院所＋市场主体"的协同创新产业发展体系，集中力量攻克一批"卡脖子"技术难题。近几年来，共取得研发科技成果 100 多项，获得国家专利授权 97 件。2023 年，恩施德源硒材料、中硒集团开展保健品申报及生产线认证，恩施硒庄王公司取得州内首张食品营养强化剂硒蛋白食品生产许可证；恩施极硒生物科技有限公司和湖北省硒与人体健康研究院就"硒蛹虫草水提物的应用"专利成果转化达成合作。

（五）公共服务平台能力不断增强

至 2023 年底，已建立硒产业省级以上公共服务平台 13 个，其中国家级科技企业孵化器 2 个，省级科技企业孵化器 4 个；国家众创空间 2 个，省级众创空间 2 个；省级乡村振兴科技创新示范基地 3 个。据不完全统计，全年向企业提供信息咨询服务 120 余次，开展人才培训 3 000 余人次，开展富硒或富有机硒认证 12 张，达到 31 张，认证产品 73 款。承检恩施农产品及食品安全检验检测 903 批次。

（六）科普营销联动发力

一方面持续开展"硒科普六进"活动，组织硒科普知识讲座上百次，印发《硒知识科普手册》数十万册，并以每年的"5·17"及恩施硒博会为契机，大力宣传普及硒知识，营造全市"说硒话、谋硒事、图硒景"的文化氛围。另一方面，搭建硒产品线上线下营销平台，将武汉东湖高新区·世界硒都（恩施）体验馆等为主的"百城千店"线下实体店与"掌上硒博会"等线上销售模式相结合，有力推动"硒品出山"。利用"硒＋招商""硒＋文旅"等方式，组织奥运冠军助力硒旅融合，开展"恩施土豆花儿开"等系列对外推介活动，深度推进硒旅融合。

二、恩施市硒产业发展指数的结果与分析

以恩施市为案例，为全国县级行政区硒产业发展的统计与评价提供方法，以促进各地硒产业发展的统计方法能够逐步规范、相对一致。表 2-5 为 2019—2023 年恩施市硒农业、硒工业、硒服务业的产值、硒研发投入和硒产业总产值以及环比指数、以 2020 年为基期的定基指数的计算结果。

表 2-5   2019—2023 年恩施市硒产业产值指数

指标	产值（亿元）				
	2019 年	2020 年	2021 年	2022 年	2023 年
硒产业总产值	157.84	149.56	173.71	196.82	230.82
硒农业产值	55.97	63.09	71.24	84.47	87.52
硒工业产值	30.25	35.86	42.32	48.57	59.68
硒服务业产值	71.38	50.99	59.88	63.44	82.92
硒研发投入	0.24	0.23	0.27	0.34	0.694

指标	环比指数（%）				定基指数（以 2020 年为基期）
	2020 年	2021 年	2022 年	2023 年	
硒产业总产值	94.75	116.15	113.30	117.27	154.33
硒农业产值	112.72	112.92	118.57	103.61	138.72
硒工业产值	118.55	118.01	114.77	122.87	166.42
硒服务业产值	70.58	118.86	105.95	130.71	164.59
硒研发投入	95.83	117.39	125.93	204.12	301.74

可见恩施市硒农业在 2019—2022 年一直是快速发展的，2023 年增长速度有所放缓，提示我们，要分析这种速度上的放缓是不是与农业发展到一定阶段后的报酬递减有关。硒工业的发展速度一直都呈高速发展态势，2023 年的增长速度超过 20％。尽管我们看到了硒服务业由负增长恢复到正增长，但直到 2023 年，硒服务业的规模才超过新冠疫情前的 2019 年。近两年恩施市对硒产业研发投入高度重视，2023 年的研发投入达到了 2020 年的 3 倍，但投入总额占硒产业总产值的比重仍然较低（0.3％）。

三、其他县（市）的硒产业产值指数结果与分析

为方便比较，我们仍然将恩施市的数据放在这里（表 2-6）。

表 2-6 恩施州各县市硒农业产值指数

县（市）	硒农业产值（亿元）					产值指数（％）	
	2019 年	2020 年	2021 年	2022 年	2023 年	2023 年	年均
恩施	55.97	63.09	71.24	84.47	87.52	103.62	1.12
利川	65.87	74.21	83.34	97.84	101.59	103.84	1.11
建始	42	47.99	51.69	58.55	60.69	103.65	1.10
巴东	41.65	46.79	52.77	59.72	62.00	103.82	1.10
宣恩	34.45	38.82	43.84	47.51	49.70	104.62	1.10
咸丰	36.55	40.68	44.71	46.42	48.62	104.75	1.07
来凤	27.58	31.13	33.37	35.16	39.10	111.19	1.09
鹤峰	25.06	27.87	31.21	35.67	39.55	110.89	1.12
全州	329.14	370.59	412.17	465.34	488.78	105.04	1.10

可见恩施州全州以及除来凤、鹤峰以外的各县（市）硒农业产值 2023 年比上年的增长都有放缓，增幅在 0.3%～0.5%，而 2019—2023 年的年均增幅基本上都超过 10%，来凤、鹤峰的增幅比较稳定。从硒农业产值看，恩施市并不是产值最大的，利川市硒农业产值一直保持州内第一。

表 2-7 展示了各县市硒工业产值和指数计算结果。

表 2-7　恩施州各县市硒工业产值指数

县（市）	硒工业产值（亿元）					产值指数（%）	
	2019 年	2020 年	2021 年	2022 年	2023 年	2023 年	年均
恩施	30.25	35.86	42.32	48.57	59.68	122.88	1.19
利川	18.01	22.82	25.01	28.98	31.93	110.19	1.15
建始	6.59	13.37	16.62	18.66	20.33	108.96	1.33
巴东	13.38	13.2	14.08	16.12	16.58	102.85	1.06
宣恩	15.29	17.13	19.02	21.14	24.92	117.87	1.13
咸丰	16.33	17.93	21.17	23.58	27.57	116.93	1.14
来凤	11.85	16.7	19.03	21.59	26.15	121.11	1.22
鹤峰	12.61	17.41	20.62	24.84	26.31	105.93	1.20
全州	124.31	154.42	177.87	203.48	233.48	114.74	1.17

从 2022—2023 年的情况看，恩施市在硒工业规模和增长速度上都保持了领先地位，来凤、宣恩、咸丰、利川的速度依次排在恩施市之后，建始和巴东的速度靠后。从现有规模看，除恩施市外，利川的领先优势正在被咸丰、来凤等赶上。从 2019 年以来的发展速度看，建始县发展

速度最快，年均增速超过 30％，其次是来凤、鹤峰，年均增速超过 20％，产业规模的位次也从 2019 年的 8、7、6 位赶超到了 7、5、4 位。巴东的规模和年均增速均落到末位。

表 2-8 是各县市硒服务业产值指数计算结果。

表 2-8　恩施州各县市硒服务业产值指数

县（市）	硒服务业产值（亿元）					产值指数（%）	
	2019 年	2020 年	2021 年	2022 年	2023 年	2023 年	年均
恩施	71.38	50.38	59.88	63.44	82.92	130.71	1.04
利川	31.88	14.41	18.21	29.68	41.71	140.55	1.07
建始	23.89	11.14	11.25	16.12	21.18	131.40	0.97
巴东	11.39	9.27	13.56	16.34	21.98	134.53	1.18
宣恩	9.47	8.93	7.34	10.99	13.94	126.81	1.10
咸丰	15.86	7.9	7.3	11.18	11.82	105.76	0.93
来凤	8.7	2.26	4.81	6.26	7.55	120.63	0.97
鹤峰	7.18	4.56	5.79	7.47	9.32	124.74	1.07
全州	179.75	108.85	128.14	161.48	210.43	130.31	1.04

从上述结果看，恩施市的硒旅游业优势更为明显，2023 年硒服务业产值几乎就是排名第二的利川的两倍，建始、巴东超过 20 亿元，宣恩、咸丰超 10 亿元，来凤、鹤峰不到 10 亿元。从 2019 年以来的数据看，巴东的硒服务业发展速度最快，其次是宣恩。但整体看，硒服务业还是处在恢复性增长态势，建始、咸丰、来凤三县的硒服务业尚未恢复到新冠疫情前的 2019 年的水平。

恩施州各县市硒产业总产值的指数结果见表2-9。

表2-9　恩施州各县市硒产业总产值指数

县（市）	硒服务业产值（亿元）					产值指数（%）	
	2019年	2020年	2021年	2022年	2023年	2023年	年均
恩施	157.84	149.56	173.71	196.82	230.82	117.28	1.10
利川	115.78	111.47	126.7	156.62	175.75	112.21	1.11
建始	72.5	72.63	79.7	93.58	102.80	109.86	1.09
巴东	66.53	69.31	80.44	92.27	100.74	109.18	1.11
宣恩	59.4	64.9	70.23	79.68	88.58	111.17	1.11
咸丰	68.77	66.84	73.51	81.58	88.32	108.26	1.06
来凤	48.2	50.29	57.36	63.13	72.92	115.50	1.11
鹤峰	44.88	49.86	57.64	68.03	75.23	110.59	1.14
全州	633.89	634.87	719.29	831.71	935.16	112.44	1.10

从规模看，总产值仍然保持三个梯队的态势，恩施、利川两市领先，建始、巴东为第二梯队，100亿～200亿元，其他四县在80亿元左右。2022—2023年，恩施市增长最快，来凤县速度排名第二。2019—2023年，年均增速最快的是鹤峰，除咸丰外的其他县（市）年均增长速度不相上下。

第三章 江西省重点地区硒产业发展进展

第一节 宜春市

一、概述

宜春地处江西省西北部，下辖 10 个县（市、区）和 3 个特色区，总面积 1.87 万平方千米，常住人口 500.77 万人。宜春自古就有"农业上郡"之称，全国重点毛竹产区。全市富硒土地面积 780 万亩，潜在富硒土地面积 765 万亩。温汤富硒温泉是全国唯一"可饮可浴可治病"的富硒温泉。

宜春市坚持把富硒产业作为全市农业的首位产业，聚焦全域创建富硒绿色有机农产品示范市，着力打造千亿级富硒产业链。2023 年富硒综合产值突破 704.76 亿元。一是注重顶层设计。设立正处级事业单位（市硒资源开发利用中心）统筹推进，并纳入到高质量发展和乡村振兴战略考核评价体系。高标准编制产业发展规划，明确"一核引领、两翼齐飞、三带驱动、多区协同"的富硒产业发展格局，确保到 2024 年综合产值突破 750 亿元。出台一系列扶持政策，市县财政每年安排 6 000 万元以上资金，对企业融资、市场开拓、人才引进、用地等予以专项扶持。二是夯实硒农业基础。全市认定富硒农业产业示范基地 314 个，培育富硒经营主体 517 家，开发富硒产品 70 多种类，注册富硒农产品商标 260 个，认证"两品一标"富硒农产品 502 个。三是强化产业支撑体系。先后建立江西富硒产业研究院（宜春市农业科学院）、江西富硒产业创新联盟等科技平台；江西省植物硒强化与评价技术工程研究中心、江西省富硒食品质量检验检测中心（宜春）等省级平台建设进展顺利；组织编写《富硒农业生产与园区规划》《现代农业微生物及技术应用》等科普图书，积极参加农业农村部人力资源开发中心、中国农学会批准的"科创中国"富硒农业产业服务团，开展 5.17 全民科学补硒日主题宣传系列活动，不断提升消费者对富硒农产品的知晓度。制定省级硒地方标准 9 项、团体标准 8 项，参与制定 3 项国家行业标准，不断提升富硒行业话语权。

二、宜春市硒产业发展指数的结果与分析

（一）主要富硒农产品

2023 年，宜春市重点发展的农产品是富硒大米、富硒水果、富硒竹笋、富硒麻鸭、富硒禽蛋。2022—2023 年的规模效益增长情况见表 3-1。

表 3-1　2022—2023 年宜春市主要富硒农产品生产情况

单位：万亩，万吨，亿元

产品名	2022 年			2023 年			指数（%）		
	面积	产量	产值	面积	产量	产值	面积	产量	产值
富硒稻米	125.20	67.59	40.55	150.10	82.56	49.53	119.89	122.15	122.14
富硒水果	10.03	13.79	16.55	12.32	16.94	20.33	122.83	122.84	122.84
富硒竹笋	29.21	15.85	16.30	54.12	24.07	22.11	185.27	151.87	135.66
富硒麻鸭		0.59	5.40		0.60	6.42		101.69	118.84
富硒禽蛋		14.79	20.71		16.87	23.62		114.06	114.03
合计	164.44	112.61	99.51	216.54	141.04	122.00	131.68	125.25	122.60

2023 年宜春市富硒农产品基地面积同比增长 31.68%，达到 216 万亩，其中以富硒竹笋的面积增加最多，增幅达到 85.27%，面积超过 50 万亩。基地农产品产值达到 122.6 亿元，同比增长 22.6%。

（二）产值指数的结果与分析

表 3-2 展示了自 2022 年以来宜春市硒产业的总产值及其组成部分的产值变化的计算结果。

表 3-2　2022—2023 年宜春市硒产业产值及其指数

单位：亿元，%

指标	2022 年	2023 年	指数值
硒产业总产值	610.90	704.76	115.36
硒农业产值	213.37	259.83	121.77
硒工业产值	179.7	148.00	82.36
硒服务业产值	216.93	296.93	136.88

宜春市 2023 年硒农业、服务业增长显著，同比增长 121.77％、36.88％，硒产业总产值实现 15.36％的增长。但硒工业规模只有 2022 年的 82.36％，需要认真分析原因，做好应对。

（三）其他指数的结果与分析

宜春市硒产业关联指数计算的结果见表 3-3。

表 3-3　2022—2023 年宜春市硒产业关联指数

指标	2022 年	2023 年
硒产业总产值（亿元）	610.90	704.76
地区生产总值（亿元）	3 273.12	3 467.48
硒产业总产值/地区生产总值	0.186 6	0.203 2
关联指数（％）		112.89

结果表明，2023 年宜春市硒产业与地区生产总值的比值为 0.20，关联指数比 2022 年上升了 12.89％，表明硒产业在地区经济发展中的重要性有所上升。

宜春市硒产业科技创新指数的结果见表 3-4。

表 3-4　2022—2023 年宜春市硒产业科技创新指数

指标	2022 年	2023 年
硒研发投入（亿元）	0.9	0.94
创新指数（％）		104.44
研发投入占总产值比（％）	0.15	0.13

可见宜春市 2023 年硒产业的研发投入虽然有所增加，同比增长 4.44％，但增长速度低于硒产业总产值增长速

度，研发投入的比重反而有所下降，这可能解释硒工业产值下降的部分原因。宜春市应高度重视，加大投入，加快硒食品加工产业发展。

"宜春大米""奉新大米"是宜春市两个较大的农产品区域品牌，但 2020 年以后再没有这两个品牌价值估算的更新。对宜春市其他有数据的 43 个富硒产品的品牌价值进行汇总后，得到 2022 年、2023 年宜春市硒产业品牌的价值分别为 48.78 亿元、52 亿元，增长 6.6%。

第二节　赣州市

一、概述

2023 年，赣州市持续深入贯彻落实习近平总书记"一定要把富硒这个品牌打好"的重要指示精神，全面推进富硒产业发展，全市富硒产业发展取得显著成效。主要体现在以下几个方面：

一是发展氛围不断浓厚。赣州市组织企业赴恩施、宜春等地考察学习，组团参加世界硒博会和富硒产业发展高峰论坛，并在中国硒产业峰会上作交流发言。加强富硒产业宣传，在省级以上媒体推出专题报道 30 余篇。在兴国县平川中学建成全省首个校园硒科普馆，形成了全市各部门单位、全社会齐抓富硒产业的良好氛围。

二是政策支持不断强化。出台《2023 年赣州市富硒产业发展工作方案》，统筹全市富硒产业发展。不断加强资金保障，市本级安排650万元支持全市富硒产业发展。争取省级资金2150万元支持于都县、宁都县、会昌县、信丰县创建省级富硒功能农业重点县，于都县在省级富硒功能农业重点县创建评比中评分位列全省第一。

三是产业链条持续延伸。坚持"基地—园区—加工—品牌—集群"的全产业链发展思路，在于都县建成全省首个富硒精深加工主体产业园（即新长征富硒产业园）。积极推进富硒产业集群建设，引进富硒果蔬汁、富硒猕猴果加工等一批精深加工项目，培育涉硒经营主体100家。

四是标准建设持续完善。积极参与国家富硒产品标准制定，推动富硒产品认证领域第一个行业标准《富硒产品认证技术规范》在赣州发布。依托江西省富硒产业标准化技术委员会落地赣州的优势，积极争取省级富硒地方标准研究制定，《富硒番茄》《富硒辣椒》《富硒贝贝南瓜》《富硒脐橙》《富硒柚子》等5个省级标准获推荐立项。

五是销售市场有力开拓。在全市建成运营7家硒产品旗舰店和硒餐厅，让广大消费者现场体验和购买富硒农产品，不断拓宽富硒产品线上、线下销售渠道。组织优质富硒农产品参加世界硒博会、中国农交会等展示展销会，积极对接盒马鲜生、山姆、华润等高端商超，开展富硒产品多渠道宣传活动，不断拓宽赣南富硒产品销售渠道。

六是品牌影响力不断扩大。坚持品牌强农发展战略，出台《赣州市 2023 年富硒农产品品牌提升行动方案》，成立赣州市富硒产业协会。积极引导企业开展富硒产品认证和商标注册，推动全市富硒农产品生产经营企业注册富硒商标 193 件，新增富硒产品认证 432 个，有效期内富硒农产品认证达 1 162 个，19 家富硒农业龙头企业品牌入选江西省"赣鄱正品"品牌体系，均为全省第一。在深圳市召开 2023 年赣州市"赣品入深"产销对接会暨富硒品牌发布会，发布"赣南硒品"品牌和商标，评选出十大"赣南硒品"农产品。于都县的"于都硒"、会昌县的"独好会昌"等硒品牌影响力持续扩大。

七是科技创新迈向一流。稳步推进国家级富硒质检中心建设，强化与中国科技大学苏州研究院、武汉轻工大学、江西农业大学、江西省农业科学院等合作，开发富硒糖果、富硒米粉、富硒果蔬汁等一批富硒精深加工产品。中国农业大学于都县富硒产业教授工作站揭牌成立，为富硒产业发展提供强有力的科技支撑。

八是监管体系逐步完善。完善赣州市富硒产品认证、检测机构名录库。开展认证专项检查和富硒产品专项抽检，出动执法人数 576 人次，检查已获富硒认证企业 249 家，未发现虚假认证问题。委托赣州市综合检验检测院对全市获证富硒产品进行监督抽检，抽检了富硒产品 140 批次，其中水产及畜禽、大米、茶叶含硒率达 100％。

二、赣州硒产业发展指数的结果与分析

（一）主要富硒农产品

2022—2023年赣州市主要富硒农产品的规模、效益情况见表3-5。

表3-5　2022—2023年赣州市主要富硒农产品生产情况

单位：万亩，万吨，万元

产品名	2022年			2023年			指数（%）		
	面积	产量	产值	面积	产量	产值	面积	产量	产值
富硒大米	13.87	6.53	147 957.27	22.31	9.52	212 594.71	160.85	145.79	143.69
富硒水果	19.94	106.39	200 757.57	17.61	144.12	315 632.36	88.31	135.46	157.22
富硒茶	3.46	6.41	59 338.76	4.61	6.56	67 736.18	133.24	102.34	114.15
富硒鱼	3.80	0.05	2 550.00	3.80	0.05	2 550.00	100.00	100.00	100.00
富硒蔬菜	3.30	14.81	124 185.00	8.73	43.72	264 504.00	264.55	295.21	212.99
富硒鸭			3 000.00			5 630.00			187.67
富硒禽蛋	13.87	6.53	147 957.27	22.31	9.52	212 594.71	160.85	145.79	143.69
富硒宁都黄鸡			144 000.00	9 100.00	13.70	219 600.00			152.50
富硒山茶菇	0.02	0.09	7 000.00	0.02	0.10	7 044.00	100.00	111.11	100.63
富硒食用菌	0.03	0.24	3 310.00	0.03	0.28	6 191.99	100.00	116.67	187.07
富硒肉牛		4.26	46 800.00		4.55	50 080.00		106.81	107.01
富硒白莲	0.56	0.07	9 000.00	0.56	0.08	7 000.00	100.00	114.29	77.78
富硒芦笋	0.06	0.06	1 254.30	0.06	0.06	1 595.12	100.00	100.00	127.17
富硒小龙虾	0.06	0.01	2 122.00	0.06	0.01	2 145.00	100.00	100.00	101.08
合计	58.97	145.45	899 232.2	80.1	218.57	1 374 898	135.83	150.27	152.90

2022—2023 年，赣州市富硒种植业基地从 58.97 万亩增加到 80.1 万亩，增长 35.83%，基地产值从 89.92 亿元增加到 137.49 亿元，增长 52.90%。增长最快的品种是富硒蔬菜、食用菌和富硒鸭。富硒水果在面积减少 11.69% 的情况下，产量增加 35.46%，产值增加 57.22%，说明富硒技术在水果产业上的应用取得了较好的增产增效的作用。

（二）产值指数的结果与分析

表 3-6 显示，赣州市 2023 年的硒产业总产值同比增长 47.71%，其中以硒工业的增长速度最为抢眼，同比增长 81.65%，硒农业产值增长 43.21%，硒服务业增长接近 20%。总体来看，赣州市硒产业发展保持超高速增长势头。

表 3-6　2022—2023 年赣州市硒产业产值及其指数

单位：亿元,%

指标	2022 年	2023 年	指数值
硒产业总产值	118.63	175.23	147.71
硒农业产值	94.32	135.08	143.21
硒工业产值	17.82	32.37	181.65
硒服务业产值	6.49	7.78	119.88

（三）其他指数的结果与分析

根据硒产业总产值与地区生产总值之间的比值评价硒产业在地区经济中的重要性，见表 3-7。

表 3 - 7　2022—2023 年赣州市硒产业关联指数

指标	2022 年	2023 年
硒产业总产值（亿元）	118.63	175.23
地区生产总值（亿元）	4 523.6	4 606.21
硒产业总产值/地区生产总值	0.026	0.038
关联指数（%）		145.06

　　赣州市硒产业总产值与地区生产总值的比例还是很低，但该比值 2023 年比 2022 年有了较大幅度的增长，增幅为 45.06%。从赣州市一、二、三产业的总体规模（2023 年三次产业增加值分别为：450.83 亿元、1 822.59 亿元、2 250.21 亿元）看，硒农业、硒工业、硒服务业都有较大的增长空间。硒产业在赣州市的发展前景十分广阔。

　　根据硒产业研发投入的年度变化评价硒产业的科技创新，即硒产业科技创新指数见表 3 - 8。

表 3 - 8　2022—2023 年赣州市硒产业科技创新指数

指标	2022 年	2023 年
硒研发投入（亿元）	0.63	0.73
创新指数（%）		117.62
研发投入占总产值比（%）	0.53	0.42

　　尽管赣州市 2023 年的研发投入同比增加了 17.62%，但是在硒产业总产值的比重却由 2022 年的 0.53% 下降到 0.42%，且研发投入的比重远低于 1%，可见赣州市硒产业研发投入还是远远不够的。

赣州市富硒产业的品牌数量较多，单一品牌的价值较小。统计了 50 个产品的品牌价值，其中有些品牌价值是由第三方机构提供的，有的是江西省品牌促进会提供的，有的是根据产品销售估算的。2022 年汇总价值为 21.84 亿元，2023 年提升到 32.5 亿元，同比增长 48.8%。表明赣州市 2023 年的硒产业品牌价值有较大提升。

第三节　九江市

一、概述

九江市地处赣、鄂、湘、皖四省交界，是江西的北大门，是长江水道与京九铁路构成的"黄金十字架"的中心，也是北京、上海、重庆、广州四大城市经济圈的交会点。作为长江黄金水道沿岸十大港口城市之一，江西省唯一的沿江对外开放和外贸港口城市，九江市具有经济交流中转城市的战略地位。同时，据全市天然富硒土地资源调查显示，全市表层土壤多为足硒状态，分布面积 6 038.33 平方千米，占调查面积 64.53%；富硒土壤面积 965.05 平方千米，占调查面积 10.31%，主要分布于九江市城区、庐山风景区、德安县彭山和付山地区、永修县的庐山西海地区、彭泽县的山区。九江市的区位优势和土壤资源为发展富硒功能农业提供了良好条件。

2019 年 5 月，习近平总书记在视察江西时指出：

"这里有丰富的富硒土壤资源，一定要打好这个品牌，让富硒农产品在市场上更加畅销。"为深入贯彻落实习近平总书记关于发展富硒功能农业、打造富硒农产品品牌的指示精神，将习总书记的殷殷嘱托转化为推动全市特色农业高质高效发展的实际行动，全力扛起环鄱阳湖板块富硒功能农业发展大旗，九江市大力实施"硒＋X"战略，着力通过富硒功能农业提升农产品附加值，实施乡村振兴战略。

（一）硒产业组织推动坚强有力

2023 年成立了富硒功能农业发展工作专班，印发了《九江市富硒功能农业发展三年行动方案（2023—2025）》，明确了富硒功能农业要从遴选重点县、建设示范基地、培育龙头企业、发布推广种植养殖规程技术标准、开展院地校企合作、强化市场开拓、品牌宣传等方面开展工作。2023 年、2024 年连续安排专项资金用于支持创建富硒重点县，打造富硒示范基地，开展富硒农产品认证，打响富硒农业区域公共品牌。

（二）硒产业规模发展日新月异

2022 年九江市富硒功能农业产值仅 6.4 亿元，硒产业发展起步晚、规模小。2023 年成立富硒功能农业发展工作专班以来，仅一年，硒农业产值达 20.5 亿元，同比增长 320％。据不完全统计，2023 年全市参与富硒农产品生产、加工、营销的农业企业 60 家，其中国家级龙头企业 1 家，省级龙头企业 8 家，市级龙头企业 21 家，获得富硒认证的农产品共 69 个。打造了富硒稻米、富硒茶叶、富硒青钱柳、富硒梅花鹿、富硒黄羽乌鸡、富硒甜柿、富硒鸭蛋、富硒彭泽鲫等一批特色产品。全市硒产业发展势头迅猛，规模不断提升，投资热情高涨。

（三）硒产业集群拓链持续深化

重点打造硒食品加工示范项目，规划建设富硒茶饼、富硒鱼排、富硒黑芝麻等九江特色加工项目，重点支持创建易家河蜜橘、永修香米、罗溪大米、大家鱼排、都昌小香薯、彭泽鲫等 23 家具有本土特色、带动能力强、种植养殖规模大的种植、养殖基地。充分发挥庐山西海富硒有机天然康养胜地优势，计划引入年产量 5 吨，投资规模 200 万元以上的富硒螺旋藻生产基地。

二、硒产业发展指数的结果与分析

根据九江市农业农村局提供的数据，九江市主要富硒农产品的生产情况见表 3 - 9 所示。

从面积看，当前九江市主要富硒农产品是富硒米和富硒茶，富硒青钱柳也有一定面积。富硒农产品种植面积增长较快，但就一个地市级的区域而言，富硒农业基地的总体规模较小。

目前九江市富硒产业的结构尚不完整，仅有富硒农业的统计资料，如表 3 - 10。

表 3 - 9　2022—2023 年九江市主要富硒农产品生产情况

单位：万亩、万吨、万元

产品名	2022 年			2023 年			指数（%）		
	面积	产量	产值	面积	产量	产值	面积	产量	产值
富硒米	1.95	0.83	2 358	2.19	0.95	2 688.95	112.31	114.15	114.04
富硒茶	1.218 3	0.31	12 537.68	2.016	0.36	16 072.8	165.48	116.61	128.20
富硒梅花鹿				2 700 头	0.004 8	4 080			
富硒蛋鸭				1.1 万羽	0.02	260			
富硒甜柿				0.02	0.008 0	360			
富硒青钱柳	0.65	0.45	8 500	0.69	0.47	8 700	106.15	104.44	102.35
富硒黄羽乌鸡	30 万羽		2 200	35 万羽		2 310	112.31	114.15	114.04
合计	3.818 3	1.592 013	25 595.68	4.916	1.81	34 471.75	128.75	113.95	134.68

表 3-10 2022—2023 年九江市硒产业产值及其指数

单位：亿元，%

指标	2022 年	2023 年	指数值
硒产业总产值	64 330.88	205 430.05	319.33
硒农业产值	64 330.88	205 430.05	319.33

　　九江市是一个新兴的硒产业地区，基期数据低，年度增长速度快，这里显示的硒产业的发展速度是相当高的，最快的硒水产产值 2023 年比上年增加 5.33 倍，最慢的硒茶叶产值同比增长 26.23%。但硒产业的总体规模仍然偏小，至少需要高速增长 3～5 年，才可能赶上其他富硒地区。

第四章　湖南省硒产业发展进展

第一节　概　　述

2023 年，湖南省富硒产业取得了显著成就，展现出蓬勃发展的态势，为乡村振兴战略提供了有力支撑。湖南富硒生物产业协会在推动产业发展中发挥了关键作用，通过建设"湖南 1223 富硒工程基地"，推广先进的科学种植方法和精细化管理措施，显著提高了富硒农产品的品质和产量，有效提升了农民的种植技术和收益水平。

在嘉禾、汝城、岳阳、隆回、新邵等地，协会通过组织各类培训和交流活动，提升了当地富硒产业的技术水平和管理能力。与企业合作，解决了生产和销售中的诸多难题，推动了富硒产品的市场化进程。同时，通过宣传推广，提高了公众对富硒产品的认知度和信任度，进一步激发了市场需求。

科技创新在富硒产业中起到了引领作用。汝城县成功将富硒小分子纳米技术及硅钛肥技术应用于不同农作物，实现了"双增双减双降"目标。在汝城第六届红色沙洲奈李文化节上，富硒产品成为新的名片，带来了显著的经济收益。在第八届世界硒都硒产品博览交易会上，桃源县和汝城县斩获 6 个奖项，彰显了两地在科技创新和产品品质上的不懈追求。

截至 2023 年年底，湖南省富硒种养基地数量达到 512 个，种养面积 432 万亩，富硒农产品加工企业数量增至 302 家，年总产值预计突破 500 亿元。通过持续创新和全方位提升，湖南富硒产业进一步提高了产品品质和附加值，为消费者提供更安全、健康的富硒农产品，为乡村振兴注入了新活力，展现出较好的发展前景。

第二节　湖南省硒产业发展指数结果与分析

一、产值指数的结果与分析

湖南省硒农业产值 2023 年较 2022 年增加了 0.28 亿元，增长率为 1.33%，表明硒农业生产在此期间有稳定的增长，反映出当地硒农业发展的良好势头。硒食品加工业产值 2023 年较 2022 年增加了 1.25 亿元，增长率为 0.29%，也显示出加工行业在稳定发展，但增速较低。硒研发投入 2023 年较 2022 年略有增加，从 548 万元增至 550 万元，增长了 2 万元，增长率为 0.36%。这一增长反映了对硒产业技术研发投入的持续关注和支持，但增幅较小。硒产业总产值 2023 年较 2022 年增加 1.53 亿元，增长率为 0.34%。整体硒产业总产值有所增加，但增幅较低，显示出整体产业较稳定（表 4-1）。

表 4-1　2022—2023 年湖南省硒产业产值及其指数

单位：亿元，%

指标	2022 年	2023 年	指数值
硒农业产值	21.07	21.35	101.33
硒食品加工业产值	430.00	431.25	100.29
硒服务业产值			
硒研发投入	0.054 8	0.055 0	100.36
硒产业总产值	451.12	452.65	100.34

二、关联指数的结果与分析

尽管硒产业总产值有所增加，但其占地区生产总值的比重从 2022 年的 0.93% 下降到 2023 年的 0.91%。表明硒产业在地区整体经济中的占比有所减少，这可能是由于地区生产总值增长速度超过硒产业增长速度所致（表 4-2）。

表 4-2　2022—2023 年湖南省硒产业关联指数

单位：亿元，%

指标	2022 年	2023 年	指数值
硒产业总产值	451.12	452.65	
地区生产总值	48 670.37	50 012.85	
硒产业产值占比	0.93	0.91	97.65

三、科技创新指数的结果与分析

湖南省硒研发投入 2023 年较 2022 年略有增加,从 548 万元增至 550 亿元,增长了 2 万元,增长率为 0.36%。这一增长反映了对硒产业技术研发投入的持续关注和支持,但增幅较小。硒研发投入占硒产业总产值的比重 2023 年与 2022 年基本持平,均为 0.01%。这一比例的稳定性显示出科研投入在整体产业产值中的占比没有显著变化,尽管绝对值略有增加(表 4 - 3)。

表 4 - 3　2022—2023 年湖南省硒产业科技创新指数

单位:万元,%

指标	2022 年	2023 年	指数值
硒研发投入	548	550	100.36
占硒产业总产值比	0.01	0.01	100.03

四、品牌价值指数的结果与分析

湖南省品牌价值估算值 2023 年较 2022 年增加了 22 万元,增长率为 5.12%。这一增长表明湖南省在硒产业品牌建设方面取得了一定成效,品牌价值有所提升,显示出品牌在市场中的影响力和认可度不断增强(表 4 - 4)。

表 4 - 4　2022—2023 年湖南省硒产业品牌价值指数

单位:万元,%

指标	2022 年	2023 年	指数值
品牌价值估算值	430	452	105.12

第三节　桃源县硒产业发展概述

桃源县位于湖南西北部、沅江中下游，因《桃花源记》而得名，被誉为"人间仙境、世外桃源"。全县总面积4 442平方千米，有28个乡镇（街道）、413个村（社区），户籍人口96.2万，常住人口80.92万。桃源县自然资源丰富，有耕地面积144.8万亩，是全国粮食生产先进县、中国十大富硒之乡、中国富硒稻米之乡。根据中国科学院地理科学与资源研究所的调查报告，桃源县天然硒资源丰富，63%的国土面积中，富硒土壤占总面积的50%，高硒土壤占3%。桃源县土壤硒含量平均值为0.73毫克/千克，远高于世界和中国平均值。桃源是一个长寿与富硒并存的区域，富硒面积广，品位高。

总体来说，2023年是桃源富硒产业发展突飞猛进的一年，各项工作均取得积极进展。

一是产业规模持续扩大。全县各乡镇（街道）根据自身条件特点，采取"一类富硒产品建设一个基地，一个基地连接一批同业农户，一批同业农户建立一个专业合作组织，一个合作组织挂靠一个骨干企业，一个骨干企业对接一群实力商家"的模式，着力构建以稻米、茶叶、功能油品、畜禽、果蔬等为重点的"1＋2＋N"富硒产业体系。截至2023年年底，全县已有28个乡镇（街道）、278个村（社区）、5 万多农户投入富硒产品开发，共建基地 87 个，其中生产和加工基地 50 个，试验示范基地 37 个；各富硒基地种植作物面积 71 万多亩，开发产品 26 大类，产品年产量达 25 万多吨，年总产值突破 76 亿元。

二是科技引领有所突破。2023 年，桃源县富硒产业在科技创新引领产业创新方面又取得了新的突破。12 月，经湖南省科技厅批准，依托桃源县康多利油脂有限公司立项，联合长沙理工大学、湖南文理学院创建的"湖南省富硒油茶工程技术研究中心"成功落地。加上之前依托兴隆米业创建的"湖南省富硒稻米工程技术研究中心"，桃源县将在富硒科技自主研发、成果转化等方面继续保持全省领先地位。另外，由湖南农业大学与一峰尖茶业有限公司联合创建的"科技小院"也已正式挂牌，为桃源县富硒茶叶的人才培养、技术升级提供了新的平台。

三是优质产品获奖无数。科技创新为产品的提质升级提供了强大支撑，桃源富硒产品的品牌美誉度和市场竞争力不断增强。2023 年 3 月，第六届中国富硒农业发展大会在安徽合肥召开，桃源县组织参展的 80 余款富硒产品，受到与会领导、专家的高度肯定，其中有兴隆稻米、乌云界茶叶、福千府葛粉、泰香稻米、泥窝贡米等 5 款产品获奖，富硒蛋白肽蛋粉获大会专门推荐。9 月，在第四届南通市富硒产业发展博览会上，桃源县"湘春景源"系列蜂产品被评为"富硒名优产品"。10 月底，第八届恩施"硒博会"召开，桃源县有兴隆稻米、博邦油脂、福千府葛粉、道山仙皇菊 4 款产品获得大会"名优硒产品"称号。11 月，桃源县的"康裕时代"低温初榨山茶油、"泥头山"茶油均获第二十四届中部农业博览会金奖；在第十九届中国茶业经济年会上，百尼茶庵茶业有限公司荣获"2023 年度重点茶企"称号；"食健堂"香米、"龙凤嘉合"香米、"世外桃花香"香米、"康多利"压榨菜籽油等4 款富硒产品，入选了由湖南省粮食和物资储备局、湖南省粮食行业协会评选的第四批"湖南好粮油"产品名单。12 月，在中国粮食行业协会公布的 2023 年度重点粮油企业专项调查中，桃源县的博邦农林、康多利油脂成功入选"油茶籽油加工企业 10 强"名单。

下一步，桃源富硒功能农业将充分发挥"中国硒乡"特色优势，着力培育"1＋2＋N"富硒产业体系，不断完善"硒＋X"产业链，切实推进富硒产业规模化、标准化、品牌化发展，加快建成"全国生态富硒农业基地"，即建成 1 000 亩富硒功能农业加工产业园，培育富硒生产企业 100 个，实现产业链产值 100 亿元的目标。

第五章　陕西省安康市硒产业发展进展

第一节　概　　述

2023 年，陕西省安康市围绕重点产业开展富硒产业标准化建设年活动和富硒有机食品品牌提升行动。通过实施"链长制"，建立完善的工作机制，统筹全市富硒产业发展，发布了一系列政策文件，明确了年度工作任务，健全了富硒产业链长制推进措施。全面完成资源普查，历时 6 年完成土壤硒资源调查评价，为富硒产业的科学布局提供数据支撑，并建设了富硒产业智慧管理服务平台。

（1）产业项目和企业培育。安康市工信局成立富硒产业项目谋划专班，策划了 118 个产业链项目，2023 年实施市级富硒产业重点项目 43 个，争取各类资金支持富硒产业项目。同时，申报认定了省级和市级链主企业，通过"一图九单"清单管理，集中资源支持链主企业做大做强，新培育了多家规模以上富硒产品加工企业，开发了 30 多个富硒、有机新产品，推动了企业的品牌建设和市场开拓。

（2）科研创新和品牌提升。强化科研合作，建设了富硒食品产业专家工作站，推动实施了一批关键技术项目攻关。通过举办专利导航和地理标志促进区域发展项目成果发布会，提升了知识产权信息的应用水平。积极开展标准化建设，参与制定国家和行业标准，提升了产品竞争力。2023年"安康富硒茶"区域公用品牌价值达43.8亿元，连续四年位列全国茶叶区域公用品牌百强榜前20强。

（3）宣传和市场拓展。启动硒科普"六进"活动，组织硒科普进课堂、进社区等多种活动，提升公众对富硒产品的认知。举办了多场高端论坛和博览会，积极参与各类招商推介会，推动富硒产品的市场拓展。通过线上商城和各种宣传活动，提升了富硒产品的市场占有率和知名度。

（4）服务和营商环境优化。实施"一链一行"制度，开发了多种金融产品支持富硒产业发展，提供富硒产品免费检测服务，制定《安康硒产品专用标志管理办法》，开展硒产品贴标认证。通过"中国硒谷"网和线上商城，提升富硒产品的市场辨识度和销售额。

安康市富硒产业虽然取得了一定成绩，但仍存在一些问题亟待解决，如产业基础有待提升、龙头引领不足、项目支撑不足、宣传推介不够和工作合力有待加强。2024年，全市富硒产业将以贯彻落实《关于加快推进富硒产业高质量发展的实施意见》为主线，培育千亿级产业集群，以"链长制"为抓手，按照"一心两带三区多点"的产业布局，加快推进富硒产业集群建设，重点推进龙头培育、集群打造、科研创新和项目支撑等9项工作，打造富硒产业强市和硒资源变硒产业样板区。

第二节　安康市硒产业发展指数结果与分析

一、产值指数的结果与分析

安康市硒农业产值2023年较2022年增加了5.35亿元，增长率为2.48%，表明硒农业生产在此期间有稳定的增长，反映出硒农业发展的良好势头。硒服务业产值2023年较2022年增加了2.16亿元，增长率为1.65%，显示出硒服务业的稳步增长，体现了服务业在硒产业中的重要性和发展潜力。硒研发投入在2023年较2022年有所增加，从0.2408亿元增至0.2825亿元，增长了0.0417亿元，增长率为17.32%（表5-1）。这一增长反映了对硒产业技术研发投入的持续关注和支持。安康市整体硒产业在稳步发展，各领域均有不同程度的增长。

表5-1　2022—2023年安康市硒产业产值及其指数

单位：亿元，%

指标	2022年	2023年	指数值
硒农业产值	216.00	221.35	102.48
硒食品加工业产值[①]		135.78	
硒服务业产值	130.67	132.83	101.65

（续）

指标	2022 年	2023 年	指数值
硒研发投入	0.240 8	0.282 5	117.32
硒产业总产值②	346.91	490.24	

注：①安康市于 2024 年 2 月 5 日经陕西省统计局批复同意，实施《安康市硒产业统计报表制度》，修改了硒食品加工业产值统计基数，因此缺少 2022 年数据。

②因安康市 2022 年与 2023 年硒产业总值的统计范围不同，因此不作比较分析。

二、品牌价值指数的结果与分析

"安康富硒茶"是安康市富硒产业的主要区域品牌，根据浙江大学中国农业品牌研究中心发布的"中国茶叶区域公共品牌价值研究报告"估算，2023 年安康市硒产业品牌价值较 2022 年增加了 4.20 亿元，增长率为 10.61%（表 5-2）。这一增长表明安康市在硒产业品牌建设方面取得了一定成效，品牌价值有所提升，显示出品牌在市场中的影响力和认可度不断增强。

表 5-2　2022—2023 年安康市硒产业品牌价值指数

单位：亿元，%

指标	2022 年	2023 年	指数值
品牌价值估算值	39.60	43.80	110.61

第六章 其他地区硒产业发展进展

第一节 重庆市江津区

一、概述

近年来，江津区充分发掘"中国长寿之乡""中国富硒美食之乡""中国生态硒城"的优势，紧扣实施乡村振兴战略，推进富硒产业科技创新，并加大富硒产业扶贫力度。2023 年全区富硒产值达 146 亿元，同比增长 12.3%。

江津区在富硒产业发展方面取得了显著成就。2012 年，中国老年学会授予江津"中国长寿之乡"称号，并联合中国科学院地球化学研究所开展全域、全产业硒资源普查。自 2013 年起，江津制定了富硒农产品的地方标准，启动全国首个富硒产品认证服务项目，并获得"中国富硒美食之乡"和"中国生态硒城"的荣誉称号。多年来，江津区成功举办富硒产业发展大会，推动富硒产业的品牌建设和科技创新，建立了富硒产业教授工作站和硒与人体健康研究院，研发出一系列富硒产品。

（1）抓谋划、建机制，强化组织领导。区委区政府成立富硒产业工作领导小组，编制《江津区富硒农业产业发展规划》，推动富硒农业高质量发展。

（2）打基础、建基地，做实产业底盘。通过硒资源普查，优化产业结构，发展粮油、花椒、茶叶等8大类富硒产业，建立了45万亩富硒种植基地和3.8万亩水产基地，培育了52个富硒产业标准化示范基地。

（3）培主体、建体系，做大产业集群。壮大生产经营主体，培养产业引领者，成功研发出20余款富硒加工产品，打造富硒康养主题农庄，推动富硒产业集群化发展。

（4）强科研、促创新，增强发展活力。与高校、行业协会合作，成立科研机构，创新研制硒资源循环利用技术，推广绿色富硒产品生产操作规程，建立全国首家富硒产品认证第三方机构。

（5）创品牌、建平台，抢占市场高地。打造"一江津彩"农产品区域公用品牌，培育了"江津花椒""四面绿针"等富硒品牌，积极参与各类大型展会推介活动。

未来，江津区将坚持以"规划为引领、科技为支撑、市场为导向、效益为中心"的原则，提升基地富硒标准化规模生产、富硒产品深加工水平和硒旅融合发展深度。力争到2025年，发展标准化富硒产业基地20万亩，开发富硒加工系列产品100个，培育电商龙头企业5家，开设富硒产品旗舰店30个，富硒产业产值达200亿元。

二、江津区硒产业发展指数的结果与分析

(一)产值指数的结果与分析

江津区硒农业产值 2023 年较 2022 年增加了 3.40 亿元，增长率为 4.08％，表明硒农业生产在此期间有显著的增长，反映出当地硒农业发展的良好势头。硒研发投入在 2023 年有所增加，从 2022 年的 0.019 0 亿元增至 0.023 0 亿元，增长了 0.004 0 亿元，增长率为 21.05％。这一增长反映了对硒产业技术研发投入的增强，表明江津区在推动硒产业技术创新方面的努力和成效。总体而言，江津区的硒产业总产值 2023 年较 2022 年增加了 3.41 亿元，增长率为 4.08％。这表明整体江津区硒产业在稳步发展中，且硒农业领域的增长尤其显著(表 6-1)。

表 6-1　2022—2023 年江津区硒产业产值及其指数

单位：亿元，％

指标	2022 年	2023 年	指数值
硒农业产值	83.38	86.78	104.08
硒食品加工业产值			
硒服务业产值			
硒研发投入	0.019 0	0.023 0	121.052 6
硒产业总产值	83.40	86.81	104.08

(二)关联指数的结果与分析

江津区 2022 年硒产业总产值占地区生产总值的比重为 6.27％，2023 年为 6.19％，指数值为 98.77，硒产业

在地方经济中的重要性略有下降（表 6-2）。

表 6-2　2022—2023 年江津区硒产业关联指数

单位：亿元，%

指标	2022 年	2023 年	指数值
硒产业总产值	83.40	86.81	
地区生产总值	1 330.00	1 401.60	
硒产业产值占比	6.27	6.19	98.77

（三）科技创新指数的结果与分析

江津区硒研发投入在 2023 年有所增加，反映了对硒产业技术研发投入的增强，表明江津区在推动硒产业技术创新方面的努力和成效。硒研发投入占硒产业总产值的比重在 2023 年也有所增加，从 2022 年的 0.02%升至2023 年的 0.03%（表 6-3）。这一比例的增加反映了研发投入在整体产业产值中的占比有所上升，显示出江津区对科研投入的重视和在推动技术创新方面的积极举措。

表 6-3　2022—2023 年江津区硒产业科技创新指数

单位：亿元，%

指标	2022 年	2023 年	指数值
硒研发投入	0.019 0	0.023 0	121.05
占硒产业总产值比	0.02%	0.03%	116.30

第二节　安徽省石台县

一、概述

2023 年，石台县委、县人民政府将富硒产业作为特色主导产业全力打造，聚焦富硒特色产业的延链、补链、强链，大力实施"两强一增"行动，推动富硒产业高质量发展。目前，石台县已初步形成富硒农业、富硒加工业和富硒康养三大产业格局，开发出包括硒茶、硒米、硒泉等在内的八大类 100 多种产品，培育了 12 万亩富硒农产品生产基地和 340 家硒产业经营主体，硒产品生产、加工和流通企业达到 63 家，年加工转化农产品 9 800 吨，2023 年硒产业综合产值达到 47.2 亿元。

（1）强化政策保障。石台县出台了《关于加快推进富硒产业高质量发展的实施意见》，制定《石台县富硒特色产业"1710"行动方案》及扶持办法，整合涉农项目资金 4 000 多万元，支持硒产业全产业链建设，为产业发展提供了坚实的政策保障。

（2）推进标准化建设。石台县制定并发布了石台硒茶和石台硒米两个市级地方标准及九个协会团体标准，打造"石台硒品"区域公用品牌，取得了绿色食品认证、有机食品认证和国家级地理标志产品认证，提升了产品质量和市场竞争力。

（3）推进科技研发。与国际硒研究学会、南京恒宝田功能农业研究院等机构，与安徽农业大学、武汉轻工大学等高校进行产学研合作，建成了安徽省富硒产品检验检测中心、石台富硒农业试验站等研发平台，为硒产品开发提供了强有力的科技支撑。

（4）做活"硒＋旅游"文章。大力推进仙寓山富硒养生度假区、慢庄小镇等项目，打造硒茶观光体验带，形成以硒为主题的农业观光、特色种养、研学旅行等多种新业态，丰富了富硒产业的内涵和外延。

（5）加强品牌打造。开展富硒产品品牌推介活动，在上海、南京、合肥建立"石台硒品"体验中心，提升品牌在长三角地区的影响力和市场占有率。举办了安徽石台茶文化节和中国石台富硒产业发展大会，大大提升了富硒品牌的知名度和影响力。

通过以上举措，石台县富硒产业在 2023 年取得了显著的成绩，初步形成了以富硒为核心的多元化产业体系，推动了当地经济的高质量发展。

二、石台县硒产业发展指数的结果与分析

（一）产值指数的结果与分析

石台县硒农业产值 2023 年较 2022 年增加了 0.80 亿元，增长率为 10.03％，表明硒农业生产在此期间有了显著的增长，反映出当地硒农业发展的良好势头。硒食品加工业产值 2023 年较 2022 年增加了 3.11 亿元，增长率为 19.94％，显示出加工行业的稳步发展和较强的增长势头。硒服务业产值 2023 年较 2022 年增加了 4.50 亿元，增长率为 21.03％，显示出硒服务业的快速增长，体现了服务业在硒产业中的重要性和发展潜力。硒研发投入 2023 年

较 2022 年略有增加，从 0.176 0 亿元增至 0.187 0 亿元，增长了 0.011 0 亿元，增长率为 6.25％。这一增长反映了对硒产业技术研发投入的持续关注和支持。硒产业总产值 2023 年较 2022 年增加了 8.43 亿元，增长率为 18.64％（表 6 - 4）。这一数据表明石台县整体硒产业在稳步发展，各领域均有不同程度的增长。

表 6 - 4　2022—2023 年石台县硒产业产值及其指数

单位：亿元，％

指标	2022 年	2023 年	指数值
硒农业产值	8.03	8.83	110.03
硒食品加工业产值	15.61	18.72	119.94
硒服务业产值	21.40	25.90	121.03
硒研发投入	0.176 0	0.187 0	106.25
硒产业总产值	45.21	53.64	118.64

（二）关联指数的结果与分析

石台县 2022 年硒产业总产值占地区生产总值的比重为 118.16％，2023 年降低到 102.52％，指数值为 86.76，硒产业在地方经济中的重要性有所下降（表 6 - 5）。

表 6 - 5　2022—2023 年石台县硒产业关联指数

单位：亿元，％

指标	2022 年	2023 年	指数值
硒产业总产值	40.43	36.17	
地区生产总值	34.21	35.28	
硒产业产值占比	118.16	102.52	86.76

（三）科技创新指数的结果与分析

石台县硒研发投入 2023 年较 2022 年略有增加，从 0.176 0 亿元增至 0.187 0 亿元，增长了 0.011 0 亿元，增长率为 6.25％。这一增长反映了对硒产业技术研发投入的持续关注和支持。硒研发投入占硒产业总产值的比重在 2023 年也有所增加，从 2022 年的 0.44％ 升至 2023 年的 0.52％。反映了科研投入在整体产业产值中的占比有所上升，显示出石台县对科技研发的重视和在推动技术创新方面的积极举措（表 6-6）。

表 6-6　2022—2023 年石台县硒产业科技创新指数

单位：亿元,％

指标	2022 年	2023 年	指数值
硒研发投入	0.176	0.187	106.25
占硒产业总产值比	0.44	0.52	118.75

（四）品牌价值指数的结果与分析

石台县 2022 年涉硒品牌价值总和约为 11.72 亿元，2023 年为 12.18 亿元，指数值为 103.92％，略有增长（表 6-7）。

表 6-7　2022—2023 年石台县硒产业品牌价值指数

单位：亿元,％

指标	2022 年	2023 年	指数值
品牌价值估算值	11.72	12.18	103.92

第三节　贵州省开阳县

一、概述

开阳县位于黔中腹地，全县总人口 45 万，国土面积 2 026 平方千米。2023 年，全县 GDP 达 310 亿元，GDP 增速连续 3 年位列贵阳市第一。开阳县磷、硒资源丰富，根据《贵州省开阳县富硒耕地调查评价报告》，全县 99.91% 的土壤富含硒，平均硒含量为 0.588 毫克/千克，是全国平均值的 2 倍。开阳县被中国富硒产业联盟评为"中国十大富硒之乡"，并被中国营养学会授予"中国硒州"称号。

开阳县作为全国三大天然富硒区之一，重点抓了五方面的工作：

（1）做好顶层。围绕"立足硒资源、打造大产业"的发展思路，开阳县成立了硒产业发展中心，统筹硒产业发展。编制发布了《开阳县硒产业发展规划（2019—2023)》等系列文件，制定出台了具体扶持政策，把硒产业发展纳入县委中心工作进行部署和考核，形成了完善的政策体系和制度机制。

（2）做大一产。通过整合灌溉、排水、道路等政策资金，开阳县认证了 4 块天然富硒土地，打造了 21 个100 亩以上的富硒农产品基地，突出发展富硒茶、枇杷、水稻、蔬菜和生猪等优势单品。目前，全县富硒粮油和蔬菜产能分别达到 11 万吨和 60 万吨以上，茶叶和水果采摘面积稳定在 17 万亩和 19.5 万亩，年出栏生猪突破 60 万头。

（3）做强二产。开阳县成立了贵州开阳富硒农产品加工产业园，引进了 23 家富硒产业链龙头企业。新研发了高硒西兰花粉、高硒猴头菇粉、富硒含片等 10 余种精深加工富硒产品，提升了二产的竞争力。

（4）做优三产。开阳县与新腾数致有限公司、中国农业大学达成战略合作，共建"中国农业大学开阳教授工作站"，推动富硒生态预制菜品研发、标准化建设、认证检测与溯源等四大行动，全面带动富硒农产品种植、科研应用、加工和物流等全链条发展。

（5）做亮品牌。开阳县发布了省级地方标准和团体标准，规范了硒产品标识标签使用，完成了 40 余个有机、富硒、绿色等相关产品认证。成功注册了"Se 印象硒州"区域公共品牌商标，培育了 32 件涉硒商标，获得中国十大富硒品牌和国家地理标志保护产品等荣誉。

通过以上举措，开阳县富硒产业在 2023 年取得了显著成效，实现了全产业链高质量发展。

二、开阳县硒产业发展指数的结果与分析

（一）产值指数的结果与分析

开阳县硒农业产值 2023 年较 2022 年增加了 1.37 亿

元，增长率为 3.45％，表明硒农业生产在此期间有稳定的增长，反映出当地硒农业发展的良好势头。硒食品加工业产值 2023 年与 2022 年持平，显示出硒食品加工行业的稳定性，但缺乏显著增长，需进一步探索提升产值的方法。硒服务业产值 2023 年较 2022 年增加了 0.465 亿元，增长率为 47.79％，显示出硒服务业的快速增长，体现了服务业在硒产业中的重要性和发展潜力。硒研发投入 2023 年较 2022 年略有减少，从 373 万元降至 324 万元，减少了 49 万元，下降 13.14％，表明在硒产业技术研发方面的投入有所下降，需要引起关注和调整。硒产业总产值 2023 年较 2022 年增加了 1.83 亿元，增长率为 4.20％（表 6-8）。整体硒产业总产值有所增加，表明各领域均有不同程度的增长，但研发投入的下降需予以重视。

表 6-8　2022—2023 年开阳县硒产业产值及其指数

单位：亿元，％

指标	2022 年	2023 年	指数值
硒农业产值	39.65	41.02	103.45
硒食品加工业产值	2.89	2.89	100.04
硒服务业产值	0.973 0	1.438 0	147.79
硒研发投入	0.037 3	0.032 4	86.84
硒产业总产值	43.55	45.38	104.20

（二）关联指数的结果与分析

开阳县 2022 年硒产业总产值占地区生产总值的比重

为 15.06%，2022 年下降到 14.61%，指数值为 97.05%，硒产业在地方经济中的重要性有所下降（表 6 - 9）。

表 6 - 9　2022—2023 年开阳县硒产业关联指数

单位：亿元，%

指标	2022 年	2023 年	指数值
硒产业总产值	43.55	45.38	
地区生产总值	289.20	310.53	
硒产业产值占比	15.06	14.61	97.05

（三）科技创新指数的结果与分析

开阳县硒研发投入 2023 年较 2022 年有所减少，从 373 万元降至 324 万元，减少了 49 万元，下降 13.14%。这一数据表明在硒产业技术研发方面的投入有所下降，需要引起关注和调整。硒研发投入占硒产业总产值的比重在 2023 年也有所下降，从 2022 年的 0.09% 降至 2023 年的 0.07%，反映了科研投入在整体产业产值中的占比有所减少，表明政府对科技研发的重视程度有所降低，这需要引起重视和改进（表 6 - 10）。

表 6 - 10　2022—2023 年开阳县硒产业科技创新指数

单位：亿元，%

指标	2022 年	2023 年	指数值
硒研发投入	0.037 3	0.032 4	86.84
占硒产业总产值比	0.09	0.07	83.33

（四）品牌价值指数的结果与分析

开阳县 2022 年涉硒品牌价值总和为 10.02 亿元，
2023 年为 26.95 亿元，指数值为 268.96%，增长较快
（表 6 - 11）。

表 6 - 11　2022—2023 年开阳县硒产业品牌价值指数

单位：亿元,%

指标	2022 年	2023 年	指数值
品牌价值估算值	10.02	26.95	268.96

第四节　福建省诏安县

一、概述

福建省地质矿产勘查开发局和福建省地质调查研究院
在诏安全境开展了 1∶25 万多目标区域地球化学调查，确
认诏安县为福建省主要富硒土壤分布区。全县富硒土地面
积达 76.2 万亩，占县域面积的 39.27%，且"优质、安
全、环保"。2013 年，诏安县被中国营养学会授予"中国
海峡硒都"称号，成为中国硒产业发展中独一无二的沿海
县份。

（1）功能食品生产基地。积极打造富硒功能食品生产
基地，通过科研技术生产有益于人体健康的功能食品，预
防慢性病。县内已建设 20 个富硒功能食品生产加工标准
化基地，包括 6 万亩富硒茶叶生产基地、8 万亩富硒蔬菜

生产基地、2万亩富硒中药材生产基地以及年产量达100万吨的富硒海产品生产基地，推动富硒农业快速发展。

（2）功能食品研发高地。建议成立功能食品研发中心，利用国家发明科研专利及配套技术，研发更多功能食品。硒被誉为"生命之火""抗癌之王"，缺硒可导致多种疾病。通过开发富硒系列产品，如富硒农产品、食品、营养品、保健品和药品，满足人们对硒的需求，改善健康状况，开拓广阔的市场前景。

（3）社会精英康养胜地。诏安县具备打造以"硒氧"健康为主题的慢性病康复疗养胜地的条件，结合"中国海峡硒都""世界长寿乡""中国天然氧吧"等品牌，推进"森林康氧"小镇建设，打造"诏安生态旅游"品牌，开发以"硒氧诏安，享寿之旅"为主题的系列宣传文创产品，营造"来诏安，我氧你"的浓厚氛围，并推出"诏安氧生"系列食谱，提升美食硒"氧"品牌。

通过以上措施，诏安县积极探索"诏安三地"富硒产业发展的新思路，推动"中国海峡硒都"品牌的建设和推广，为富硒产业的高质量发展提供了新路径。

二、诏安县硒产业发展指数的结果与分析

（一）产值指数的结果与分析

诏安县硒农业产值2023年较2022年增加了6.82亿元，增长率为15.46%，表明硒农业生产在此期间有显著

的增长，反映出当地硒农业发展的良好势头。硒研发投入2023年较2022年有所增加，从0.1090亿元增至0.1210亿元，增长了0.0120亿元，增长率为11.01％。这一增长反映了对硒产业技术研发投入的持续关注和支持。硒产业总产值2023年较2022年增加了6.83亿元，增长率为15.45％。这一数据表明诏安县整体硒产业在稳步发展，各领域均有不同程度的增长（表6-12）。

表6-12 2022—2023年诏安县硒产业产值及其指数

单位：亿元,％

指标	2022年	2023年	指数值
硒农业产值	44.12	50.94	115.46
硒食品加工业产值			
硒服务业产值			
硒研发投入	0.1090	0.1210	111.01
硒产业总产值	44.23	51.06	115.45

（二）关联指数的结果与分析

诏安县2022年硒产业总产值占地区生产总值的比重为12.64％，2023年增长到14.33％，指数值为113.42％，硒产业在地方经济中的重要性有所上升（表6-13）。

表6-13 2022—2023年诏安县硒产业关联指数

单位：亿元

指标	2022年	2023年	指数值
硒产业总产值	44.23	51.06	

（续）

指标	2022 年	2023 年	指数值
地区生产总值	350.05	356.32	
硒产业产值占比	12.64	14.33	113.42

（三）科技创新指数的结果与分析

诏安县硒研发投入 2023 年较 2022 年有所增加，从 0.109 亿元增至 0.121 亿元，增长了 0.012 亿元，增长率为 11.01%。这一增长反映了对硒产业技术研发投入的持续关注和支持。尽管硒研发投入在绝对值上有所增加，但其占硒产业总产值的比重却从 2022 年的 0.25% 略微下降至 2023 年的 0.24%（表 6-14）。这一比例的下降表明，尽管投入增加，但相对于整体产业总产值的增长，研发投入的占比有所减少，这需要进一步关注和调整，以确保研发投入在产业中的合理占比。

表 6-14　2022—2023 年诏安县硒产业科技创新指数

单位：亿元，%

指标	2022 年	2023 年	指数值
硒研发投入	0.109	0.121	111.01
占硒产业总产值比	0.25	0.24	96.16

（四）品牌价值指数的结果与分析

诏安县 2022 年涉硒品牌价值总和约为 1.316 0 亿元，2023 年为 1.303 0 亿元，指数值为 99.01%，略有下降（表 6-15）。

表 6-15 2022—2023 年诏安县硒产业品牌价值指数

单位：亿元，%

指标	2022 年	2023 年	指数值
品牌价值估算值	1.316 0	1.303 0	99.01

第五节 四川省屏山县

一、概述

2013 年，屏山县首次发现局部区域土壤富硒。经过四川省地质调查院的详查，县域内共有 240 平方千米的天然富硒土壤和 700 平方千米的足硒土壤，主要集中在龙华、屏边、夏溪和清平一带。龙华镇全境土壤均为天然富硒或足硒。2021 年，中国地质学会认定龙华镇中埂村、翻身村和鱼孔村的 7 533 亩土地为绿色富硒土地，土壤平均硒含量达 0.53 毫克/千克。

屏山县已建成 6 个天然富硒农特产品基地，主要产品包括富硒鸡肉、鸡蛋、猪肉、食用菌、竹笋和水产品。年产富硒肉鸡 5 万余只，鸡蛋 100 万枚，黑猪肉及制品 5 800 吨，水产品 10 吨，菌类干制品 10 吨，鲜笋 400 吨和笋干 100 余吨。2023 年，在国家富硒农产品加工技术研发专业中心（简称"国硒中心"）技术指导下，屏山县打造了 3 个富有机硒产业基地，开发出富有机硒茶叶、茵红李和白鹅等产品。

屏山县与四川省地质调查院签署了《富硒产业发展研究战略协议》，完成了全县土壤质量地球化学详查和硒元素分级评价图。与国硒中心和宜宾林竹产业研究院签订战略合作框架协议，编制了《屏山富硒产业三年行动方案》和《屏山县 2026—2030 年富硒产业规划》。与宜宾学院合作，制定并发布了富硒六类团体标准和宜宾市首个富硒地方标准《富硒农产品硒含量要求》。

通过这些举措，屏山县初步形成了富硒产业的发展格局，为未来高质量发展奠定了坚实基础。

二、屏山县硒产业发展指数的结果与分析

（一）产值指数的结果与分析

屏山县硒农业产值 2023 年较 2022 年增加了 1.62 亿元，增长率为 3.40%，表明硒农业生产在此期间有显著的增长，反映出当地硒农业发展的良好势头。硒食品加工业 2023 年的产值略高于 2022 年，增长 0.03 亿元，增长率为 1.32%，显示出加工行业的稳步发展。硒研发投入在 2023 年显著减少，从 2022 年的 0.580 0 亿元降至 0.122 2 亿元，减少了 0.457 8 亿元。这表明在硒产业技术研发方面的投入有所减少，需要关注硒科研的持续支持和资金投入。总体而言，屏山县的硒产业总产值 2023 年较 2022 年增加了 1.19 亿元，增长率为 2.35%。这表明整体硒产业在稳步发展中，且各个细分领域均有不同程度

的增长（表 6 - 16）。

表 6 - 16　2022—2023 年屏山县硒产业产值及其指数

单位：亿元，%

指标	2022 年	2023 年	指数值
硒农业产值	47.59	49.21	103.40
硒食品加工业产值	2.40	2.43	101.32
硒服务业产值			
硒研发投入	0.580 0	0.122 2	21.07
硒产业总产值	50.57	51.76	102.35

（二）关联指数的结果与分析

屏山县 2022 年硒产业总产值占地区生产总值的比重为 45.78%，2023 年下降到 43.31%，指数值为 94.62%，硒产业在地方经济中的重要性有所下降（表 6 - 17）。

表 6 - 17　2022—2023 年屏山县硒产业关联指数

单位：亿元，%

指标	2022 年	2023 年	指数值
硒产业总产值	50.57	51.76	
地区生产总值	110.48	119.51	
硒产业产值占比	45.78	51.76	94.62

（三）科技创新指数的结果与分析

屏山县硒研发投入在 2023 年显著减少，从 2022 年的 0.580 0 亿元降至 0.122 2 亿元，减少了 0.457 8 亿元。这表明在硒产业技术研发方面的资金投入有所缩减，仅为前一年的 21.07％。这一大幅减少可能影响未来技术创新和产业升级，需要进一步关注和优化资金分配策略。硒研发投入占硒产业总产值的比重在 2023 年也大幅下降，从 2022 年的 1.15％降至 2023 年的 0.24％（表 6 - 18）。这一比例的大幅下降反映了研发投入在整体产业产值中的占比急剧减少，表明科研经费在整体硒产业发展中的作用被削弱。这一趋势可能影响硒产业的长远发展和竞争力，需要引起重视并采取相应措施提升研发投入的比例。

表 6 - 18　2022—2023 年屏山县硒产业科技创新指数

单位：亿元，％

指标	2022 年	2023 年	指数值
硒研发投入	0.580 0	0.122 2	21.07
占硒产业总产值比	1.15	0.24	20.58

（四）品牌价值指数的结果与分析

屏山县 2022 年涉硒品牌价值总和为 46.482 亿元，2023 年为 46.517 亿元，指数值为 100.08％，略有增长（表 6 - 19）。

表 6 - 19　2022—2023 年屏山县硒产业品牌价值指数

单位：亿元，％

指标	2022 年	2023 年	指数值
品牌价值估算值	46.482	46.517	100.08

第六节 黑龙江省海伦市

一、概述

海伦市位于松嫩平原，是世界上仅有的三大黑土地之一。这里的黑土层厚度在 70 厘米以上，土壤有机质含量高，富含多种矿物质和微量元素，且无重金属污染，达到国家质量一级标准。全市 465 万亩耕地普遍天然含硒，被授予"中国黑土硒都"和"全国十大天然富硒基地"称号，是黑龙江省唯一的中国特色农产品优势区。

海伦市依托"寒地黑土"区域品牌优势，确立了打造"中国黑土硒都"的发展思路。富硒产业被定位为兴市富民的主导产业，通过农业种植结构调整和供给侧结构性改革，促进农、林、牧、副、渔各业抱团发展，实现一二三产业融合，推动市域经济快速发展。

（1）顶层设计。聘请中国农业大学进行全方位的顶层设计，制定富硒产业的发展战略和技术支撑。

（2）摸清资源。通过国投资金对耕地土壤和农副产品硒含量进行全面检测，详细分析土壤资源数据，明确开发依据。

（3）建设产业基地。每年落实富硒基地面积 100 万亩，建设 13 个富硒产业基地核心区和 20 个富硒产业基地，涵盖农、畜、山、水等多种类型。

（4）培育产业龙头。培育 28 家富硒农副产品加工龙头企业，开发 89 种富硒农副产品，丰富产品种类。

（5）打造富硒品牌。依托寒地黑土品牌和海伦大豆、海伦大米地理标志，认证绿色食品和有机食品，提升品牌影响力。

（6）拓展销售市场。通过"五谷杂粮下江南"活动和网络营销等方式拓展销售市场，提升富硒产品的市场覆盖率。

（7）建立服务体系。建设"两库一册一片"和"一个标准""一个中心""一个协会"服务体系，提供全程技术服务和检测支持。

通过平面媒体、视频媒体、网络媒体，全方位宣传推介富硒资源和产品。近年来，海伦大豆和海伦大米等品牌在各大媒体平台广泛宣传，提升了富硒产业的知名度和影响力。

海伦市通过这些措施，初步形成了富硒产业的发展格局，推动了地方经济的高质量增长，为未来的持续发展奠定了坚实基础。

二、海伦市硒产业发展指数的结果与分析

（一）产值指数的结果与分析

海伦市硒农业产值 2023 年较 2022 年增加了 4.02 亿元，增长率为 5.97%，表明硒农业生产在此期间有稳定

的增长，反映出当地硒农业发展的良好势头。硒食品加工业产值 2023 年较 2022 年增加了 0.46 亿元，增长率为 19.36%，显示出硒产品加工行业的稳步发展和较强的增长势头。硒服务业产值 2023 年较 2022 年大幅增加，增长了 0.204 0 亿元，增长率为 780%。这显示出硒服务业的迅猛发展，体现了服务业在硒产业中的重要性和巨大潜力。硒研发投入 2023 年较 2022 年有所增加，从 0.035 5 亿元增至 0.045 7 亿元，增长了 0.010 2 亿元，增长率为 28.73%。这一增长反映了对硒产业技术研发投入的持续关注和支持。硒产业总产值 2023 年较 2022 年增加了 4.69 亿元，增长率为 6.73%（表 6-20）。整体硒产业总产值有所增加，表明各领域均有不同程度的增长，尤其是服务业和研发投入显著增加。

表 6-20 2022—2023 年海伦市硒产业产值及其指数

单位：亿元,%

指标	2022 年	2023 年	指数值
硒农业产值	67.35	71.37	105.97
硒食品加工业产值	2.35	2.81	119.36
硒服务业产值	0.030 0	0.234 0	780.00
硒研发投入	0.035 5	0.045 7	128.73
硒产业总产值	69.77	74.46	106.73

（二）关联指数的结果与分析

海伦市 2022 年硒产业总产值占地区生产总值的比重为

50.83％，2023 年增长到 54.66％，指数值为 107.53％，硒产业在地方经济中的重要性有所上升（表 6-21）。

表 6-21　2022—2023 年海伦市硒产业关联指数

单位：亿元，%

指标	2022 年	2023 年	指数值
硒产业总产值	69.77	74.46	
地区生产总值	137.24	136.21	
硒产业产值占比	50.83	54.66	107.53

（三）科技创新指数的结果与分析

海伦市硒研发投入 2023 年较 2022 年有所增加，反映了当地政府对硒产业技术研发投入的持续关注和支持。硒研发投入占硒产业总产值的比重在 2023 年也有所增加，从 2022 年的 0.05％升至 2023 年的 0.06％。这一比例的增加反映了科研投入在整体产业产值中的占比有所上升，显示出当地政府对科技研发的重视和在推动技术创新方面的积极举措（表 6-22）。

表 6-22　2022—2023 年海伦市硒产业科技创新指数

单位：亿元，%

指标	2022 年	2023 年	指数值
硒研发投入	0.035 5	0.045 7	128.73
占硒产业总产值比	0.05	0.06	120.62

（四）品牌价值指数的结果与分析

海伦市 2022 年涉硒品牌价值总和为 69 万元，2023 年为 72 万元，指数值为 104.10％，略有增长（表 6 - 23）。

表 6 - 23　2022—2023 年海伦市硒产业品牌价值指数

单位：万元，％

指标	2022 年	2023 年	指数值
品牌价值估算值	69	72	104.10

第七节　河南省

河南省地处中原，西高东低，横跨长江、淮河、黄河、海河等四大流域，地貌、生态多样，农耕历史悠久，农产品十分丰富，是全国农业大省，小麦产量长期居全国第一位。全省总面积 16.7 万平方千米，常住人口 9 815 万人，总耕地面积 1.1 亿亩，已查明富硒土壤 1 525 万余亩，具有发展富硒功能农业得天独厚的优势。

河南省富硒土壤资源主要分布在西南部、西部和西北部一带的伏牛山、太行山、秦岭东麓与黄淮海平原的交会地带，以及东部芒砀山周围。涉及的地区主要有平顶山、洛阳、焦作、南阳、安阳、济源、商丘、郑州、三门峡等地的 30 多个县（市）。

河南发展富硒功能农业已有 15 年左右的历史。前期发展比较缓慢，在 2018 年成立河南省富硒农产品协会之后，全省富硒功能农业相对进入一个较快的发展阶段。取得的主要成效有以下几点：

（1）率先在全国开展功能农业产业理论体系和富硒功能农业实践规范体系建设。在河南省富硒农产品协会及相关专家的指导下，用科学严谨的态度和专业通俗的语言，系统性地对中国农业发展阶段、新时代新农业、广义功能农业、狭义功能农业、功能农产品、功能因子、功能农产品分类、硒产业、富硒功能农业、富硒功能农产品分级、富硒功能农产品生产原则、富硒功能农产品认证程序等理论概念和实践标准分别进行了归纳与总结，形成了一套可复制、可推广、可持续的好做法，为全省功能农业的健康发展提供了指导和借鉴。

（2）坚持与乡村振兴和健康中国相结合，发展富硒功能农业。近年来，在省农业主管部门的支持和行业协会指导下，各地积极促进富硒功能农业与文化、旅游、教育、康养相结合，加快了全省富硒功能农业发展步伐。目前，已有11个省辖市30多个县的近千家企业在做富硒功能农业，并以硒为媒形成了叶县、宁陵、栾川等3个富硒三产融合发展典型；加入省富硒农产品协会的会员企业已达300余家；全省富硒企业已开发出富硒小麦制品、富硒羊肚菌粉、富硒大米、富硒小米、富硒花生、富硒山药、富硒红薯、富硒食用菌、富硒西瓜、富硒蔬菜、富硒林果、富硒鸡蛋、富硒牛肉、富硒羊肉、富硒奶制品、富硒保健品等富硒产品品种200多个。2023年全省富硒产业综合产值达731.5亿元。

（3）重视品牌培育，打造富硒名片，讲好富硒故事。按照"4587"[①]规范要求，重点培育河南"豫硒优品"公用品牌，并于2023年在全省开展了认证工作。强化品牌意识，培养了上百个富硒品牌。根据各地人文资源优势，先后打造了平顶山"中国硒海"、汝州"中原硒海"、永城"中国硒城"、宁陵"中原硒都"、栾川"中国硒谷"、太康"华夏硒谷"、叶县"硒麦之乡"、宝丰"硒梨之乡"、郏县"红牛之乡"、舞钢"硒鸽之乡"等富硒名片。讲好硒故事，推动产品销售，相继开展了"豫硒发展高峰论坛""豫农优品（豫硒优品）天下行"等活动。

（4）强化科技支撑，实行重点突破，促进富硒功能农业高质量发展。坚持"政府主导、企业主营、协会主推"发展方针，以建设富硒小麦、富硒酥梨、富硒肉羊、富硒红牛、富硒水稻、富硒花生等十大富硒基地为重点，打造千亿级富硒产业。全省配套富硒产业发展，相继成立了河南省健康食品工程技术研究中心、河南省功能农业研究院、河南硒产业研究院等5家专业研究机构。河南硒协还先后与江南大学、哈尔滨工业大学郑州研究院、河南农业大学、武汉轻工大学等30多家院校和科研机构合作，共

---

① "4587"是指"豫硒优品"是按照"功能农产品4个分类、富硒功能农产品5个产品分级、8个生产原则、7个程序认证"的规范要求，精心打造的优质富硒功能农产品。

同指导河南富硒功能农业健康发展。2024 年，围绕富硒小麦发展重点，与农业农村部全国农业技术服务中心合作，在"硒麦之乡"叶县投资 4.3 亿元建成"金创富硒小麦产业园"，指导该县在"硒麦小镇"按照"绿色＋富硒"标准，一次打造 10 万亩高质量富硒功能小麦，生物有机硒平均含量达 600 微克/千克，开创了中国小麦"富硒化＋绿色化＋标准化＋功能化＋规模化＋产业化"发展新里程。

第八节　山西省晋中市

2023 年，晋中市功能农业种植、养殖、加工业示范基地发展为 160 个，同比增长 1.27％；推广以富硒杂粮、富硒小米、富硒干鲜果为代表的富硒作物种植面积 8.26 万亩，同比增长 12.38％，其中本市富硒作物面积 2.5 万亩，同比增长 13.64％，亩均增加收入 2 607 元；在本省大同、忻州、临汾、运城、阳泉、吕梁市和辽宁、陕西等省推广富硒作物种植 5.76 万亩，同比增长 11.84％；协会稳步推进富硒功能农业发展，使贫硒缺硒区农作物硕果累累，农民获得了实实在在的收益，乡村振兴的步子越迈越稳。据不完全统计，10 年来累计推广富硒农作物面积 31.68 万亩次，受益农民 25.34 万人次。

例如，介休市龙凤镇西宋壁村，2022 年村集体流转村民土地 400 亩种植富硒谷子喜获丰收，总产 10 万千克，纯利润超过 100 万元。2023 年又流转土地 1 700 亩种植富硒黑谷子、红薯、高粱、玉米等作物，加工富硒小米锅巴、小米酥饼，辐射带动该镇龙头村、峪子村种植富硒杂粮 1 000 余亩。富硒功能农业不仅让当地村民的腰包鼓起来，而且引领集体经济"壮大路"，用"硒望米"撑起"振兴伞"。国家功能农业科技创新联盟、中国科协、中国乡村发展书画院及省市有关部门领导莅临调研考察，都给予高度评价。

为发挥好"国家功能农业科技创新联盟山西办公室"的作用，依托晋中国家农高区（山西农谷）平台，汇聚社会多方力量，鼎力筹创国家功能农业科技创新联盟"山西功能农业产业科创示范园区"。联袂山西智创园科技有限公司等 10 个（企业）单位，立足山西有机旱作农业，以晋中市为核心区构建"有机旱作功能农业种植示范区、精深加工产业集聚区、功能产品研发区、功能食品体验销售区、职业技术教育培训区"为一体的乡村振兴先行区和样板区。

按照"一年出形象、两年上台阶、三年能创成"的总体思路，倾力打造"一园五区"产业高地，总投资概算 85 亿～100 亿元，奋力培植乡村振兴新质生产力，串起功能农业高质量发展的产业链。2023 年，有机旱作功能农业种植核心区，寿阳县景尚乡万亩粮豆、粮菜、麒麟西瓜合作示范项目，辐射带动了榆次、太谷、祁县及本省原平、岚县、广灵、万荣小拱棚种植麒麟西瓜面积2万余亩；农旅创新城项目在晋中国家农高区启动；功能农业商城线上销售平台在阳采集团启动；职教培训区"晋中制造职业技术学院"项目，完成总投资的35.6%；精深加工功能食品文园项目，晋中市和晋中综改示范区高度重视，列入山西省"十四五"战略性新兴产业规划。

为加快数字与产业深度融合，协会与阳采集团签订合作协议，遵循"共商、共建、共享、共同发展"的原则，联合打造数字化功能农业产业"中国硒城"电商平台，积极探寻从销售端入手，拉动功能农业一二三产融合发展新赛道，促进功能农业产业快速发展，助力乡村振兴。

2024年1月3日，"全国首家数字功能农业硒商城"电商平台启动仪式在阳采集团总部隆重举行。中国农业技术推广协会、中国科学院南京土壤研究所、国家功能农业科技创新联盟、中农硒科研究院、中国农业国际合作促进会功能农产品分会等单位的领导及相关科研单位学术专家以及湖南、湖北、河南、河北、山东、江西、广西、贵州、陕西、宁夏、辽宁、黑龙江等有关省份协会嘉宾、入驻商城代表近300人应邀出席。

协会累计在全国15个省（自治区、直辖市）示范推广功能农业种植面积31.68万亩次，受益农民25.34万人次。如陕西清涧县 2 万亩富硒红枣、辽宁省盘锦市 3.1 万亩富硒大米、内蒙古乌兰察布市四子王旗 1 万亩富硒葵花等都已成为当地经济增长的新引擎、农民就业增收的动力源、乡村振兴的助推器。

第七章 中国硒产业发展指数结果与分析

第一节 产值指数

一、全国层面产值指数的结果与分析

2023 年全国层面硒产业发展指数来自湖南省、恩施州、安康市、宜春市、赣州市、九江市、江津区、石台县、开阳县、诏安县、屏山县和海伦市等地的硒产业统计指标的汇总值，汇总计算结果如表 7-1 所示。

表 7-1 2022—2023 年中国硒产业产值及其指数

单位：亿元，%

指标	2022 年	2023 年	指数值
硒农业产值	1 306.65	1 455.09	111.36
硒食品加工业产值[①]	854.25	871.94	102.07
硒服务业产值	537.97	675.55	125.57
硒研发投入	4.184 3	5.015 2	119.86
硒产业总产值	2 703.05	3 007.59	111.27

注：①在本章中，均不包含安康市 2023 年硒食品加工业产值数据。

全国层面，硒农业产值、硒食品加工业产值、硒服务

业产值、硒研发投入及硒产业总产值的指数值均在 100 以上，说明硒产业各方面均得到了增长，2023 年硒产业总产值达 3 007.59 亿元，相较于 2022 年增长 11.27%，远高于全国 GDP 的同期增速。其中，硒服务业产值增速最高，由 2022 年的 537.97 亿元增至 2023 年的 675.55 亿元，增幅达 25.57%。

二、分地区产值指数的对比与分析

表 7－2 展示了分地区 2022—2023 年硒产业总产值及其指数的计算结果。从市级层面来看，2022 年湖北恩施的硒产业总产值最高，达到 831.71 亿元，2023 年增长至 935.16 亿元，增速为 12.44%。江西宜春和赣州的增长也较为显著，其中宜春从 610.90 亿元增长至 705.70 亿元，增长率为 15.52%，赣州从 119.26 亿元增长至 175.97 亿元，增长率为 47.55%。江西九江的增长最为显著，从 6.43 亿元增长至 20.54 亿元，增长率为 219.33%。从县级层面来看，安徽石台和福建诏安的硒产业总值增长较为显著，分别从 45.21 亿元和 44.23 亿元增长至 53.64 亿元和 51.06 亿元，增速分别为 18.64% 和 15.45%。黑龙江海伦从 69.77 亿元增长至 74.46 亿元，增长率为 6.73%。此外，四川屏山的硒产业总值从 50.57 亿元增长至 51.76 亿元，增速为 2.35%，贵州开阳从 43.55 亿元增长至 45.38 亿元，增速为 4.20%。

表 7 - 2 2022—2023 年硒产业总产值及其指数（分地区）

单位：亿元，%

地区		硒产业总产值及其指数		
		2022 年	2023 年	指数值
全国		2 703.05	3 007.59	111.27
省级	湖南	451.12	452.65	100.34
市级	湖北恩施	831.71	935.16	112.44
	陕西安康	346.91	354.46	102.18
	江西宜春	610.90	705.70	115.52
	江西赣州	119.26	175.97	147.55
	江西九江	6.43	20.54	319.33
县级	重庆江津	83.40	86.81	104.08
	安徽石台	45.21	53.64	118.64
	贵州开阳	43.55	45.38	104.20
	福建诏安	44.23	51.06	115.45
	四川屏山	50.57	51.76	102.35
	黑龙江海伦	69.77	74.46	106.73

表 7 - 3 展示了分地区 2022—2023 年硒农业产值及其指数的计算结果。从市级层面来看，湖北恩施的硒农业产值最高，2022 年达到 465.34 亿元，2023 年增长至 488.78 亿元，增长率为 5.04%。江西宜春和赣州的增长较为显著，其中宜春从 213.37 亿元增长至 259.83 亿元，增长率为 21.77%；赣州从 94.32 亿元增长至 135.08 亿元，增长率为 43.22%。江西九江的增长最为显著，从 6.43 亿元增长至 20.54 亿元，增长率为 219.33%。从县

级层面来看，福建诏安和安徽石台的硒农业产值增长较为显著，分别从 44.12 亿元和 8.03 亿元增长至 50.94 亿元和 8.83 亿元，增长率分别为 15.46% 和 10.03%。黑龙江海伦从 67.35 亿元增长至 71.37 亿元，增长率为 5.97%。此外，重庆江津、贵州开阳和四川屏山的硒农业产值均有所增长，增长率分别为 4.08%、3.45% 和 3.40%。

表 7-3　2022—2023 年硒农业产值及其指数（分地区）

单位：亿元，%

地区		硒农业产值及其指数		
		2022 年	2023 年	指数值
全国		1 306.65	1 455.09	111.36
省级	湖南	21.07	21.35	101.33
市级	湖北恩施	465.34	488.78	105.04
	陕西安康	216.00	221.35	102.48
	江西宜春	213.37	259.83	121.77
	江西赣州	94.32	135.08	143.22
	江西九江	6.43	20.54	319.33
县级	重庆江津	83.38	86.78	104.08
	安徽石台	8.03	8.83	110.03
	贵州开阳	39.65	41.02	103.45
	福建诏安	44.12	50.94	115.46
	四川屏山	47.59	49.21	103.40
	黑龙江海伦	67.35	71.37	105.97

　　表 7-4 展示了分地区 2022—2023 年硒食品加工业产值及其指数的计算结果。从市级层面来看，湖北恩施的硒

食品加工业产值最高，2022 年达到 203.48 亿元，2023 年增长至 233.48 亿元，增长率为 14.74％。江西赣州的增长较为显著，从 17.82 亿元增长至 32.37 亿元，增长率为 81.60％。江西宜春的硒食品加工业产值从 179.70 亿元下降至 148.00 亿元，下降率为 17.63％。从县级层面来看，安徽石台和黑龙江海伦的硒食品加工业产值增长较为显著，分别从 15.61 亿元和 2.35 亿元增长至 18.72 亿元和 2.81 亿元，增长率分别为 19.94％和 19.36％。四川屏山的硒食品加工业产值从 2.40 亿元增长至 2.43 亿元，增长率为 1.32％。

表 7-4　2022—2023 年硒食品加工业产值及其指数（分地区）

单位：亿元，％

地区		硒食品加工业产值及其指数		
		2022 年	2023 年	指数值
	全国	854.25	871.94	102.07
省级	湖南	430.00	431.25	100.29
市级	湖北恩施	203.48	233.48	114.74
	陕西安康			
	江西宜春	179.70	148.00	82.36
	江西赣州	17.82	32.37	181.60
	江西九江			
县级	重庆江津			
	安徽石台	15.61	18.72	119.94
	贵州开阳	2.891 3	2.892 4	100.04
	福建诏安			
	四川屏山	2.40	2.43	101.32
	黑龙江海伦	2.35	2.81	119.36

表 7 - 5 展示了分地区 2022—2023 年硒服务业产值及其指数的计算结果。从市级层面来看，江西宜春的硒服务业产值最高，2022 年达到 216.93 亿元，2023 年增长至 296.93 亿元，增长率为 36.88%。湖北恩施的硒服务业产值从 161.48 亿元增长至 210.43 亿元，增长率为 30.31%。江西赣州的硒服务业产值从 6.49 亿元增长至 7.78 亿元，增长率为 19.95%。陕西安康的硒服务业产值从 130.67 亿元增长至 132.83 亿元，增长率为 1.65%。从县级层面来看，黑龙江海伦和贵州开阳的硒服务业产值增长较为显著，分别从 0.030 亿元和 0.973 亿元增长至 0.234 亿元和 1.438 亿元，增长率分别为 780.00% 和 47.79%。安徽石台的硒服务业产值从 21.40 亿元增长至 25.90 亿元，增长率为 21.03%。四川屏山的硒服务业产值从 0.030 0 亿元增长至 0.234 0 亿元，增长率为 780.00%。

表 7 - 5　2022—2023 年硒服务业产值及其指数（分地区）

单位：亿元,%

地区		硒服务业产值及其指数		
		2022 年	2023 年	指数值
	全国	537.97	675.55	125.57
省级	湖南			
市级	湖北恩施	161.48	210.43	130.31
	陕西安康	130.67	132.83	101.65
	江西宜春	216.93	296.93	136.88
	江西赣州	6.49	7.78	119.95
	江西九江			

（续）

地区		硒服务业产值及其指数		
		2022 年	2023 年	指数值
县级	重庆江津			
	安徽石台	21.40	25.90	121.03
	贵州开阳	0.973 0	1.438 0	147.79
	福建诏安			
	四川屏山			
	黑龙江海伦	0.030 0	0.234 0	780.00

表 7 - 6 展示了分地区 2022—2023 年硒研发投入及其指数的计算结果。从市级层面来看，湖北恩施的硒研发投入最高，2022 年达到 1.410 0 亿元，2023 年增长至 2.470 0 亿元，增长率为 75.18%。江西赣州和陕西安康的增长也较为显著，其中赣州从 0.626 7 亿元增长至 0.737 1 亿元，增长率为 17.62%；安康从 0.240 8 亿元增长至 0.282 5 亿元，增长率为 17.32%。江西宜春的硒研发投入从 0.895 2 亿元增长至 0.939 4 亿元，增长率为 4.93%。从县级层面来看，黑龙江海伦和重庆江津的硒研发投入增长较为显著，分别从 0.035 5 亿元和 0.019 0 亿元增长至 0.045 7 亿元和 0.023 0 亿元，增长率分别为 28.73% 和 21.05%。安徽石台的硒研发投入从 0.176 0 亿元增长至 0.187 0 亿元，增长率为 6.25%。福建诏安的硒研发投入从 0.109 0 亿元增长至 0.121 0 亿元，增长率为 11.01%。四川屏山的硒研发投入从 0.580 0 亿元下降至

0.122 2 亿元，下降率为 78.93％。

表 7 - 6　2022—2023 年硒研发投入及其指数（分地区）

单位：亿元，％

地区		硒研发投入及其指数		
		2022 年	2023 年	指数值
全国		4.184 3	5.015 2	119.86
省级	湖南	0.054 8	0.055 0	100.36
市级	湖北恩施	1.410 0	2.470 0	175.18
	陕西安康	0.240 8	0.282 5	117.32
	江西宜春	0.895 2	0.939 4	104.93
	江西赣州	0.626 7	0.737 1	117.62
	江西九江			
县级	重庆江津	0.019 0	0.023 0	121.05
	安徽石台	0.176 0	0.187 0	106.25
	贵州开阳	0.037 3	0.032 4	86.84
	福建诏安	0.109 0	0.121 0	111.01
	四川屏山	0.580 0	0.122 2	21.07
	黑龙江海伦	0.035 5	0.045 7	128.73

第二节　关联指数

一、全国层面关联指数的结果与分析

本节所使用的地区生产总值由上节所述地区的生产总值构成。2022 年全国层面硒产业总产值占地区生产总值的比重为 4.12％，2023 年增至 4.48％，指数值为 108.73％，硒产业在地方经济中的重要性不断提高（表7－7）。

表7－7　2022—2023年中国硒产业关联指数

单位：亿元，%

指标	2022 年	2023 年	指数值
硒产业总产值	2 703.05	3 007.59	
地区生产总值	65 615.75	67 145.06	
硒产业产值占比	4.12	4.48	108.73

二、分地区关联指数的对比与分析

表7－8展示了分地区2022—2023年硒产业产值占地区生产总值比重与关联指数的计算结果。从市级层面来看，江西宜春的硒产业产值占比增长显著，2022年为17.59%，2023年增长至20.35%，指数值为115.71%。湖北恩施的硒产业产值占比从59.31%增长至63.13%，指数值为106.43%。江西赣州的硒产业产值占比从2.64%增长至3.82%，指数值为144.91%。陕西安康的硒产业产值占比从27.34%下降至23.88%，指数值为87.33%。从县级层面来看，江西九江和安徽石台的硒产业产值占比增长显著，江西九江从0.16%增长至0.55%，指数值为344.41%；安徽石台从132.15%增长至152.02%，指数值为115.04%。福建诏安的硒产业产值占比从12.64%增长至14.33%，指数值为113.42%。黑龙江海伦的硒产业产值占比从50.83%增长至54.66%，

指数值为 107.53%。重庆江津、贵州开阳和四川屏山的硒产业产值占比略有下降，指数值分别为 98.77%、97.05%和 94.62%。

表 7-8 2022—2023 年硒产业产值占比与关联指数（分地区）

单位：%

地区		硒产业产值占比与关联指数		
		2022 年	2023 年	指数值
全国		4.12	4.48	108.73
省级	湖南	0.93	0.91	97.65
市级	湖北恩施	59.31	63.13	106.43
	陕西安康	27.34	23.88	87.33
	江西宜春	17.59	20.35	115.71
	江西赣州	2.64	3.82	144.91
	江西九江	0.16	0.55	344.41
县级	重庆江津	6.27	6.19	98.77
	安徽石台	132.15	152.02	115.04
	贵州开阳	15.06	14.61	97.05
	福建诏安	12.64	14.33	113.42
	四川屏山	45.78	43.31	94.62
	黑龙江海伦	50.83	54.66	107.53

第三节　科技创新指数

一、全国层面科技创新指数的结果与分析

全国层面 2022 年硒研发投入为 4.184 3 亿元，2023 年

增长到 5.015 2 亿元，指数值为 119.86％，增速达到了 19.86％。硒研发投入占硒产业总产值比重在 0.17％左右（表 7 - 9）。

表 7 - 9　2022—2023 年中国硒产业科技创新指数

单位：亿元，％

指标	2021 年	2022 年	指数值
硒研发投入	4.184 3	5.015 2	119.86
占硒产业总产值比	0.15	0.17	107.72

二、分地区科技创新指数的对比与分析

因硒研发投入在表 7 - 6 中已进行了分析，表 7 - 10 仅展示了分地区的硒研发投入占硒产业总产值比例。从市级层面来看，湖北恩施的硒研发投入占硒产业总产值比例最高，2022 年为 0.169 5％，2023 年增长至 0.264 1％，指数值为 155.80％。陕西安康的硒研发投入占比从 0.069 4％增长至 0.079 7％，指数值为 114.82％。江西赣州的硒研发投入占比从 0.525 5％下降至 0.418 9％，指数值为 79.71％。江西宜春的硒研发投入占比从 0.146 5％下降至 0.133 1％，指数值为 90.83％。从县级层面来看，重庆江津和黑龙江海伦的硒研发投入占比增长显著，重庆江津从 0.022 8％增长至 0.026 5％，指数值为 116.30％；黑龙江海伦从 0.050 9％增长至 0.061 4％，指数值为

120.62%。福建诏安的硒研发投入占比从 0.246 4% 下降至 0.237 0%，指数值为 96.16%。安徽石台和贵州开阳的硒研发投入占比均有所下降，安徽石台从 0.389 3% 下降至 0.348 6%，指数值为 89.56%；贵州开阳从 0.085 6% 下降至 0.071 3%，指数值为 83.33%。四川屏山的硒研发投入占比从 1.146 9% 大幅下降至 0.236 1%，指数值为 20.58%。

表 7 - 10　2022—2023 年硒研发投入占硒产业总产值比例（分地区）

单位：%

地区		硒研发投入占硒产业总产值比例		
		2022 年	2023 年	指数值
全国		0.154 8	0.166 8	107.72
省级	湖南	0.012 1	0.012 2	100.03
市级	湖北恩施	0.169 5	0.264 1	155.80
	陕西安康	0.069 4	0.079 7	114.82
	江西宜春	0.146 5	0.133 1	90.83
	江西赣州	0.525 5	0.418 9	79.71
	江西九江			
县级	重庆江津	0.022 8	0.026 5	116.30
	安徽石台	0.389 3	0.348 6	89.56
	贵州开阳	0.085 6	0.071 3	83.33
	福建诏安	0.246 4	0.237 0	96.16
	四川屏山	1.146 9	0.236 1	20.58
	黑龙江海伦	0.050 9	0.061 4	120.62

<h2 style="text-align:center">第四节 品牌价值指数</h2>

一、全国层面品牌价值指数的结果与分析

全国层面 2021 年涉硒品牌价值总和为 320.635 8 亿元，2022 年为 442.353 3 亿元，指数值为 137.96%，增长了 37.96%（表 7-11）。

表 7-11　2022—2023 年中国硒产业品牌价值指数

单位：亿元,%

指标	2021 年	2022 年	指数值
品牌价值估算值	320.64	442.35	137.96

二、分地区品牌价值指数的对比与分析

表 7-12 展示了分地区 2022—2023 年品牌价值估算值及品牌价值指数的计算结果。从市级层面来看，湖北恩施的品牌价值估算值最高，2022 年为 65.59 亿元，2023 年增长至 150.54 亿元，指数值为 229.52%。江西赣州和陕西安康的增长也较为显著，其中赣州从 21.84 亿元增长至 33.03 亿元，增长率为 51.24%；安康从 39.60 亿元增长至 43.80 亿元，增长率为 10.61%。江西宜春的品牌价值估算值从 124.02 亿元增长至 127.98 亿元，增长率为 3.19%。从县级层面来看，贵州开阳的品牌价值估算值增长最为显著，从 10.02 亿元增长至 26.95 亿元，指数

值为 268.96%。安徽石台的品牌价值估算值从 11.72 亿
元增长至 12.18 亿元，指数值为 103.92%。黑龙江海伦
的品牌价值估算值从 0.006 9 亿元增长至 0.007 2 亿元，
指数值为 104.10%。四川屏山的品牌价值估算值从
46.48 亿元增长至 46.52 亿元，指数值为 100.08%。福建
诏安的品牌价值估算值从 1.316 0 亿元略微下降至 1.303 0 亿
元，指数值为 99.01%。

表 7-12 2022—2023 年品牌价值估算值及品牌价值指数（分地区）

单位：亿元，%

地区		品牌价值估算值及品牌价值指数		
		2022 年	2023 年	指数值
全国		320.64	442.35	137.96
省级	湖南	0.043 0	0.045 2	105.12
市级	湖北恩施	65.59	150.54	229.52
	陕西安康	39.60	43.80	110.61
	江西宜春	124.02	127.98	103.19
	江西赣州	21.84	33.03	151.24
县级	重庆江津			
	安徽石台	11.72	12.18	103.92
	贵州开阳	10.02	26.95	268.96
	福建诏安	1.316 0	1.303 0	99.01
	四川屏山	46.48	46.52	100.08
	黑龙江海伦	0.006 9	0.007 2	104.10

图书在版编目（CIP）数据

中国硒产业发展指数（SeI）研究报告. 2023／恩施土家族苗族自治州人民政府，国家富硒农产品加工技术研发专业中心著. -- 北京：中国农业出版社，2024. 9.
ISBN 978-7-109-32456-5

Ⅰ. F426.1

中国国家版本馆 CIP 数据核字第 2024D6S672 号

中国硒产业发展指数（SeI）研究报告. 2023
ZHONGGUO XI CHANYE FAZHAN ZHISHU (SeI) YANJIU BAOGAO . 2023

中国农业出版社出版

地址：北京市朝阳区麦子店街 18 号楼

邮编：100125

责任编辑：赵　刚

版式设计：王　晨　　责任校对：吴丽婷

印刷：中农印务有限公司

版次：2024 年 9 月第 1 版

印次：2024 年 9 月北京第 1 次印刷

发行：新华书店北京发行所

开本：880mm×1230mm　1/32

印张：3.75

字数：70 千字

定价：36.80 元